纺织业生产标准化和智能化管理体系
——企业管理工具

郑剑辉 著

吉林科学技术出版社

图书在版编目（CIP）数据

纺织业生产标准化和智能化管理体系：企业管理工
具 / 郑剑辉著 . -- 长春：吉林科学技术出版社，
2021.5

ISBN 978-7-5578-8029-3

Ⅰ . ①纺… Ⅱ . ①郑… Ⅲ . ①纺织工业—安全生产—
标准化管理—中国 Ⅳ . ① F426.81

中国版本图书馆 CIP 数据核字（2021）第 094526 号

FANGZHIYE SHENGCHAN BIAOZHUNHUA HE ZHINENGHUA GUANLI TIXI:
QIYE GUANLI GONGJU

纺织业生产标准化和智能化管理体系：企业管理工具

著　郑剑辉
出 版 人　宛　霞
责任编辑　郑宏宇
封面设计　马静静
制　　版　北京亚吉飞数码科技有限公司
幅面尺寸　170 mm × 240 mm
开　　本　710 mm × 1000 mm　1/16
字　　数　123 千字
印　　张　9.5
印　　数　1—5 000 册
版　　次　2022 年 4 月第 1 版
印　　次　2022 年 4 月第 1 次印刷

出　　版　吉林科学技术出版社
发　　行　吉林科学技术出版社
地　　址　长春市南关区福祉大路 5788 号龙腾国际大厦
邮　　编　130118
发行部传真 / 电话　0431-85635176　85651759　85635177
　　　　　　　　　　　　　　85651628　85652585
储运部电话　0431-86059116
编辑部电话　0431-81629516
网　　址　www.jlsycbs.net
印　　刷　三河市德贤弘印务有限公司

书　　号　ISBN 978-7-5578-8029-3
定　　价　86.00 元

序

郑剑辉君与我相识于十年前,为忘年交的朋友。当时他是一家颇具创新能力的纺织公司的高管,而我已经从经济服务部门退休多年,出于对他们公司的关注,我参加他们的一次聚会,认识了这位颇有作为的年轻人。最初让我感到眼前一亮的是他们公司的文化氛围:无论是办公区域的装饰风格,还是管理部门的设置和制度,都别具一格,明显比吴江地区的一般纺织公司高出一筹。打听下来,才知都出自郑君之手;从此,他的名字进入了我的关注圈。之后,他成为公司的主要负责人之一,他们公司也屡屡在管理的创新和产品的创新上有新的举措和成绩。

几次接触后,我对他逐渐有了一些了解。他的创业之路与许多盛泽纺织企业的创业者不一样。他出身于一个充满书香气息的旧式家庭,从小接受儒家思想的熏陶,是个勤于学习的乖小孩、好学生。他毕业于厦门大学,并任教于泉州师范学院新闻传播系,本来可以在金字塔尖的大学里成就一番事业,但为了心中的创业梦想,也为了爱情,他毅然随着爱人来到盛泽,从事曾被旧式家庭旧式文人视为庸俗的挣钱的行当。初认识他时,他还刚刚进入这个行业,但很快就以不凡的思维方式和管理思想,让人刮目相看。他的勇气和才干也让我十分钦佩。之后,他先后管理和创立了多家公司,并从管理实践中积累经验,通过理性的分析和再实践,以及对先进管理技术理论的学习,探索出一套适合中国宏观经济大环境和产业特色的纺织业生产标准化和智能化管理体系,使之成为切实有用的企业管理工具。

一个多月前,他拿着他的书稿来找我,告诉我准备把他撰写的《纺织业生产标准化和智能化管理体系：企业管理工具》一书付梓出版。细细品读他的书稿，我深深为他的理论素养和实践成果所感动。在从事纺织企业管理工作的短短十来年时间里，他以自己扎实的文化功底和勤奋的工作实践，总结出一套切合实际的管理理论和管理方法，这些理论和方法完全可以成为有志于从事纺织企业管理工作的后来者学习的教科书。

我从事工业经济管理工作数十年，虽然也曾发表过多篇有关的论文和工作研究文稿，也曾参与过编写企业管理教材，但面对如此系统的有关企业管理体系的作品，还是自愧不如。当然，金无足赤，此书稿也有待完善之处。希望郑君在此书出版后，广泛听取意见，在再版时不断充实新的管理思想和举措，使之更为完善，百尺竿头更进一步。

沈寿呈

2020 年 12 月 16 日 书于静远斋

前　言

　　纺织工业作为传统的民生产业,也是劳动力密集型的行业,随着科学技术和信息技术的发展,纺织行业进入了一个新的发展阶段,这个阶段也是纺织行业产业升级的机遇,优秀的企业正通过不断更新生产技术和整合产业链优势来降低生产成本。创新意识、品牌意识、企业文化、新科技、创造力等这些现代企业的要素正在主导着纺织行业的发展,互联网和现代化快捷的物流变革引发纺织业的新的革命,信息不对称的时代已经过去、全球采购和全球贸易也在迫使纺织业的竞争转型升级。

　　互联的发展产生的最大变化是信息的零距离,信息零距离下我们应该对创新进行重新定义,自媒体高度发展的今天很难有绝对意义上的创新了,特别是对我们的纺织服装生产贸易来说,靠贩卖信息、靠山寨大牌、靠抄袭发达国家的流行趋势、靠时间差的方式已经行不通了,竞争一方面变得相对平等,一方面变得残酷无比,没人能拥有绝对的优势、也没有企业能拥有绝对的优势,所以现在考验我们的是资源整合能力,综合应变能力和快速反应能力,既然时代已经改变了我们,我们只能主动去适应时代,否则面临的只有被淘汰。

　　新技术新格局为纺织业带来的变化不仅仅体现在营销模式和营销渠道上的变化,如何应对产业链的扩展和转移也是必须要面对的问题,对于纺织生产行业来说,如何保证产品生产质量的稳定性和降低生产成本是永恒的主题,纺织品生产加工行业是随着劳动力成本的高低而转移的,跨地区和跨国家的生产体系已经逐步形成,如果公司没有建立标准化产品生产体系,没有智能化的生产体系的管控体系，公司就很难走出去，也很难面对新时期的挑战。

笔者从事过传播学的教学工作，对现代纺织工业的产生、发展、转移和变革有一定的研究，进入纺织业后对行业的认知有了更深刻的理解，在创立和运营纺织企业的同时根据自身经验创造了一些应用型的企业管理工具，摒弃一些繁杂的管理规章制度，以生产流程和行为流程为导向，围绕着订单的生产过程对相关的部门进行重新梳理并创建出自动化行为管理体系，把岗位职责、工作流程和规则管理制度融入到智能管理系统中，让系统执行品控和管理职能，利用先进的互联网技术，把物物联网、事事联网、行为联网，使数据信息与生产过程实时同步，这样就能提高生产效率和沟通效率。

本书的案例和图表都是实际运营管理当中产生的，由于每家企业所处的阶段和面临的情况各有不同，但是标准化生产管理系统和智能化流程管理体系是有一致性的，也是企业可持续性发展的基础，主要侧重于实践中管理工具的智能化应用，对于公司的制度建设、文化建设和人才薪酬体系等方面的章节都没有深入介绍，旨在为相类似的生产贸易型的企业提供一些在实际管理操作中的参考应用工具，摒弃长篇大论，尽量使用言简意赅的简表方式，这本工具书结合了孟佳威先生对管理工具的智能化设计、蔡丽君女士多年的实际操作经验和王小陶先生的品控管理经验，以及郑晓君老师的理论指导，希望能为纺织生产贸易企业升级转型和促进纺织行业跨区域管理提供一些经验和帮助，既是经验总结，难免有狭隘性和不足之处，请以指正。

作　者
2020 年 12 月

标准化

行业大数据支撑生产和销售标准化

采购端互联网趋势催生新的商业模式

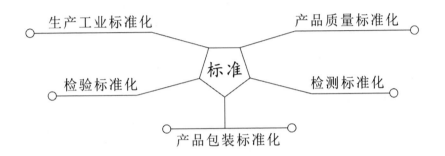

生产工业标准化　　　　　产品质量标准化

检验标准化　　标准　　检测标准化

产品包装标准化

智能化

云平台整合线性供应链

先进的网络化规划化管理对接产销系统

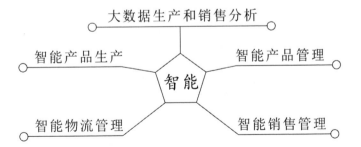

大数据生产和销售分析

智能产品生产　　　　智能产品管理

智能　

智能物流管理　　　　智能销售管理

目　录

第一章　标准化流程管理体系的创建

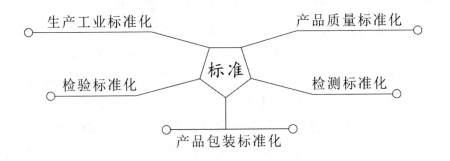

标准化

行业大数据支撑生产和销售标准化

采购端互联网趋势催生新的商业模式

生产工业标准化　　产品质量标准化

检验标准化　　标准　　检测标准化

产品包装标准化

第一节　公司组织架构的建立

　　组织架构是企业的流程运转、部门设置及职能规划等最基本的结构依据，在企业发展的不同阶段，随着公司规模和营销模式的改变，组织架构也要相应的改变来适应公司的发展。在初始创业阶段，企业需要快速反应来保证生存，组织架构需要简单，只需要围绕主要职能来设置部门，如果组织架构过于庞大臃肿、部门过多，就会造成流程割裂、运转效率低下，企业的生存和运营就会出现问题；当企业不断地发展壮大，如果仍然沿用粗糙简略的组织架构，就会造成重要职能薄弱或缺失，管理的顾此失彼，企业就会缺乏执行能力，企业的发展就会受到影响。

　　纺织业是基础加工产业，主要以生产、加工和供应链管理为主，是劳动密集型的行业，从业门槛比较低，很多初创型生产企业在公司的起步阶段都以承接贸易公司的订单加工为主，往往是以生产技术和订单任务为导向，围绕着创业者为核心而建立的小型生产团队，这个阶段不需要组织架构，因为公司的主要任务是完成订单生产，层级组织架构或者分职能部门管理都会降低订单运行的效率，整个生产流程都需掌控在创业者手中，人员也随时应急调配，创业者本身也是主要的生产人员，类似于建筑业的"包工头"，是整个生产加工链条中的主导者和参与者，此时的管理方式是以个人能力为导向而不是以职能或者流程为导向，组织架构如图1-1所示。

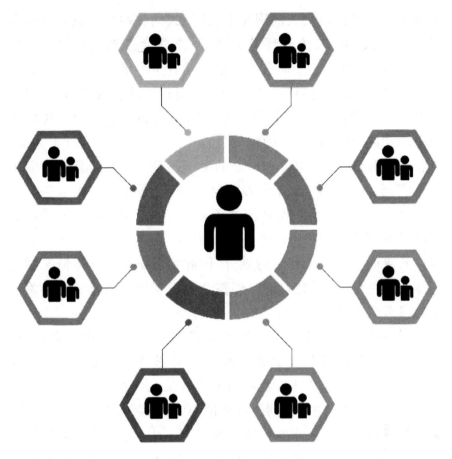

图 1-1

这种管理方式是点对点的,对订单任务的完成非常直接有效,以创业者为中心点控制流程和时间节点,采用任务发包和信息实时反馈,权力非常集中,整个团队基本上是围绕着创业者的个人能力管理和统筹能力展开的,团队成员一般不超过 20 个人,也是公司运作的雏形;缺点是管理者容易受到个人能力、个人工作时间的限制,很难操作更多的订单和管理更多的人员,当订单数量增加和员工数量的增加,会造成顾此失彼,应接不暇,公司也很难进一步发展。所以当人数和订单数量增加后,必然要更新企业的管理模式,采取扁平化的管理方案,设立部门职能和提拔部门负责人,打造公司发展的基础框架。但是流程管理的职责会分散到各个部门负责人的岗位上，此模式的弊端是审批环节增多了，负责人也多了，流程环节也多了，这样会带来效率的下降和责任的推诿，因为生产带来的问题是随着生产链的延长不断累积的，但部门责任是有限的，所以会催生出相关的行政部门、品控部门或者运营部门来协调各部门之间的矛盾和处理生产流转环节当中的问题，所以在企业的发展过程中，企业框架不宜过于复杂，以扁平化管理为主，重要和核心的部门还是要由总经理或者创始人负责制，不能以内部管理为导向，否则会增加沟通成本和降低流转效率，所以说组织架构图并不是一个固定的格式，关键是要考虑是否符合公司发展战略的需要，组织架构的功能是为了实现战略效果而将相关工作进行划分，因此要根据企业具体情况制定具体的个性组织架构图，适时调整企业组织架构图就显得至关重要。参考图 1-2。

图 1-2 的组织架构适合中小规模的企业，扁平化垂直管理，图中实线连接的部门为主要管理职能，虚线连接的部门为监管智能，在图标的方框中可以填入相关的人员，在发展阶段可以一人任多个岗位，承担多项职责，这样的管理框架就会一目了然。既保证执行效率，又能分担管理者的经营压力，总经理只需要管理几个部门领导，品控部管理订单生产过程和生产标准，运营部管理公司的流程规范，协调部门之间的矛盾。搭建了合适的组织框架，就可以根据公司战略增加相关部门的人员，慢慢发展壮大公司的团队。

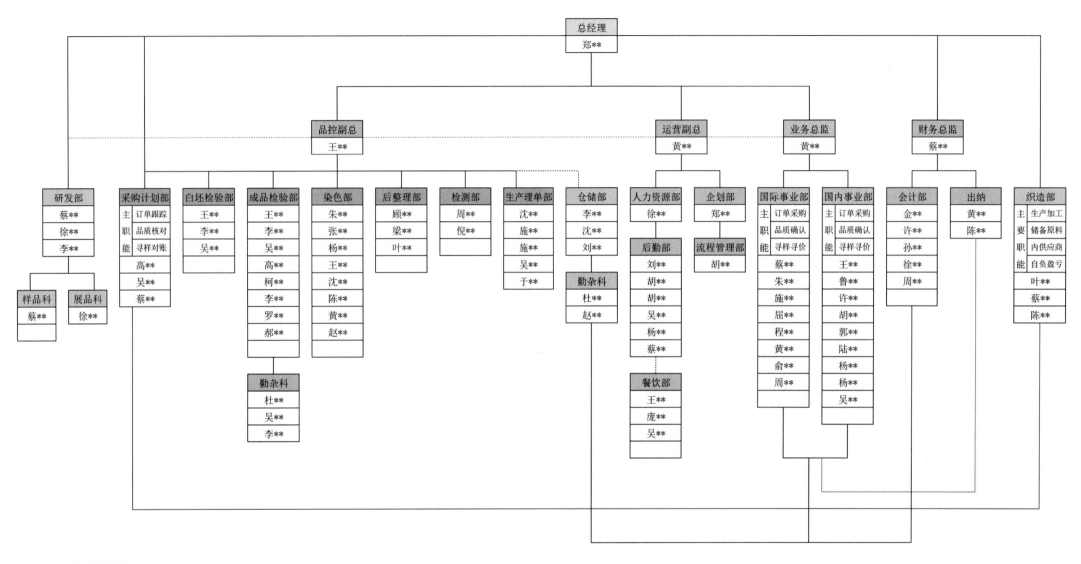

注：1、实线为管理职能。

2、虚线为监管职能。

3、空缺位置为可增加人员。

4、重名为兼任岗位。

图 1-2

第二节　公司战略企划的建立

公司的成长和发展离不开核心竞争力,要树立和明确企业的核心竞争力,只有明确的核心竞争力才能制定相应的企业管理和市场营销方案,然后再进一步制定产品企划、销售目标和企业愿景。

企业策划的制定是分阶段性的,初期阶段是设定一个小的销售目标,根据产品企化和销售目标建立销售团队、生产团队和售后服务团队,此阶段要注重基础数据的收集、人员结构的优化和流程制度的建立,为企业的可持续性发展打下基础;发展中的企业要建立起规范的管理制度、组织框架、各部门岗位职责和品质控制等相关的管理体系,这是企业长期稳定发展不可少的前提条件;当企业进入稳定发展的阶段就要注重风险的防范,此时的企业多数已经发展成平台型的企业,公司的管理和销售的增长也都进入相对的稳定期,可以制定三到五年的企划,也要树立企业的愿景,建立企业的核心文化,俗话说:"一年的企业靠运气,十年的企业靠经营,百年的企业靠文化",通过企业文化和管理制度引导和激发企业的活力,把企业各方面的资源和智慧都统一到企业发展的目标愿景上来,促进企业更健康的发展。

纺织行业企划的制定要注重解决以下几个方面的问题。

（1）如何应对劳动密集型行业转型升级

众所周知,纺织行业是劳动密集型行业,也是环境污染相对严重的行业,随着人口红利的慢慢降低、社会环境和人文环境的要求不断提高,纺织加工行业的转移和转型也是不断加快。在这个快节奏变革的时代,科技日新月异,生活方式、思维习惯和消费方式也经历着一场前所未有的改变,这就对我们的生产贸易活动产生了颠覆性的影响，我们的生活方式已经发生了很大的改变，农村城镇化、城市国际化，城市和城市之间、区域和区域之间的竞争在中国内部已经展开，每个地区都想要发展自己的支柱产业，这就会开始产生两级分化，劳动力密集型的地区适合传统加工业的生存，经济开放型的城市适合贸易，所以会造成产业区域转移和产业不断的细分；发展中国家也在利用自己的自身劳动力成本优势和招商引资的政策不断地吸引纺织上下游企业来带动当地经济的发展。在环境保护、劳动力成本和产业转移等多重压力下，纺织企业的企划战略更需要有宏观和前瞻性，利用自身的核心竞争力制定自己的短期和长期发展计划。

（2）如何应对专业型技术人才的缺失

纺织加工行业的门槛比较低，工作环境也不是很理想，劳动强度也大，各个城市和区域发展日趋平衡，外来务工人员的流动也在逐步缩减。另外，随着社会环境和教育水平的提高，越来越多新毕业的大学生也不愿意进入工厂，这些都会造成专业型技术工人的短缺，为了应对日益严峻的用工需求，企业就必须建立友好的工作环境和人文环境，除了提高薪资待遇以外，还要建立长期的人才招聘和培训计划，也可以和专业的纺织院校建立互动合作关系，让新大学生逐步适应技能劳动的岗位，并建立相应的晋升机制，让新从业的技能工作者根据工作经验和工作技能适时地调配工作岗位，实现自我价值和提升自己的空间。

（3）如何应对产能过剩和提高产品的附加价值

随着现代纺织工业化的进一步发展，生产力源源不断地被释放出来，纺织业产能过剩、供过于求的局面已经是常态化了，库存不断增加，工厂为了生存和发展也需要不断地持续生产，一方面加大了成本的竞争，另一方面造成库存积压，如何消化库存和盘活现金流也是纺织企业面临的困境。现有抛售库存有现货销售模式、网络销售模式和快反销售模式，但是这些模式是不断重复生产备货和增加库存，本质上库存总量还是没消化掉，这些模式的低成本竞争模式也对常规的订单生产造成了一定的冲击，造成大家都很难产生利润,公司没有利润就很难维系良性运转。

订单生产模式为主的企业在生产成本相对平衡的情况下,想要降低生产成本,不应该把精力放到降低内部品质控制流程、生产管理成本和人才研发投入方面,因为这些方法短时间内是会降低生产成本,但是产品品质的稳定性、人才的储备都会受到很大影响,在长期发展的方向上是得不偿失的。所以应该在提高产品的附加价值上下功夫,提高产品的附加价值不是一味地搞高难度和差异化产品,可以从其他方面考虑,比如提高产品稳定性,形成自己的产品控制企业标准,形成面料品牌,也会产生溢价和提高附加价值。

（4）如何通过现代化技术管理产业供应链

得益于互联网和物联网技术的不断发展,纺织业生产加工链的智能管理有了无数的可能,传统的表单管理的流转效率太低,数据的统计和分析也不及时,对生产设备的智能化改造就能实时采集生产数据和提高统计生产效率,织布机联网、验布机联网已初步实现,未来所有生产相关的硬件如染整生产设备和检测设备也都会慢慢联网。与之相匹配的智能软件管理也要进一步升级,传统的企业管理软件(ERP)是建立在报表流转的基础上的,每个环节都要有数据录入专员,把各种加工数据和码单录入到相应的系统板块上,由于数据都是人为输入,码单的及时性就很难保证,传统的 ERP 只能对订单数据进行分析,对生产的过程和品质的控制就很难管理到位,所以一个企业要管理好,除了要做好数据管理,还要采用行为管理、时间节点管理和品控流程管理等众多组合管理模式,通过物物联网和智能 OA+ERP 软件就能把各种管理方式打包成一个智能管理软件,就能形成一个标准化的智能化的生产管理体系。

智能软件、智能硬件的普及让产业供应链管理有了质的提升,跨区域、跨国界的产业链管理也都能实现,以财务运营中心为基础,就能建立现代化和国际化的产销体系,"只有倒闭的企业,没有倒闭的行业",只有不断升级现代化的产业链管理方案才能让企业长期稳定的发展。

第三节　公司产品企划的建立

一般而言,发展稳定的公司在产品的研发上要有很强的计划性,每年要投入多少的研发资金,要开发多少的新产品,要销售到什么样的市场和客户都要有详细的策划方案,这是多方面多维度的策划,产品企划的执行也体现了一个公司执行能力和管理水平,是业务营销的前提,也是生产风险的关键把控环节,所以各个板块也要有相应的数据建档,是以后的数据化和智能化管理的基础。

图 1-3 是一份简要的产品企划。

产品投入	资金投入			
	人员投入			
	生产投入			

产品企划	**产品设计**	产品定位	季节定位		
			年龄定位		
			区域定位		
			价格定位		
			品牌定位		
			市场定位		
			类别定位		
		产品定价	坯布成本		
			染色成本		
			加工成本		
		产品分类	定位分类		
			成份分类		
			指标分类		
		纱线设计	常规纱线		
			特种纱线		
		功能设计	户外		
			休闲		
			商务		
		产品建档	数字档案		
			纸质档案		
			面料档案		
	产品营销	产品推广	展会推广	合作参展推广	
				国外展会推广	
				国内展会推广	
			品牌推广	品牌宣传	
				口碑宣传	
			网络推广	网站推广	PV官网推广
					官网推广
					专业网站推广
				植入推广	
				微信推广	
		产品说明	产品描述	产品软文	
			产品特性	物理指标	
			检测指标	化学指标	
			产品优劣		
			风险提示	白坯风险提示	
				染色风险提示	
				后整风险提示	
				成衣风险提示	
				物性风险提示	
		产品包装	展示设计	实验展示	
				成衣展示	
				视频展示	
				造型展示	
			外观设计	色卡设计	
				吊卡设计	
				样册设计	
				宣传册设计	
				VI设计	
	信息收集	市场调研	国际市场	欧美市场	
				亚洲市场	
			国内市场	区域市场	
		展会调研			
		行业调研			
		客户调研			
		业务反馈			
	研发管理	纱线分类管理			
		研发资料管理			
		纱线分类管理			
		样品管理			
		展示管理			
		展会策划			
		生产加工管理			

图 1-3

第四节　公司基本管理制度的建立

"不以规矩不能成方圆"，公司要发展必然要有制度，但制度需要人性化，不能照抄照搬别人的管理制度，不同规模、不同时期、不同条件的制度也有很大差异。公司管理制度大体上可以分为规章制度和责任制度，规章制度偏重于工作内容、范围和工作程序，如管理细则、行政管理制度、生产经营管理制度；责任制度侧重于规范责任、职权和利益的界限及其关系。一套科学完整的公司管理制度可以保证企业的正常运转和职工的合法利益不受侵害（图 1-4 ）。

纺织行业是比较基础的行业，工作强度大，工作时间长，苦劳总比功劳多，所以在制度的建立上要侧重责任制度，把责任制度和流程管理相结合，侧重建立生产流程管理监控体系，弱化人事考勤制度，加强企业成本控制、维护工作秩序、提高工作效率、增加公司利润和增强企业品牌影响力。

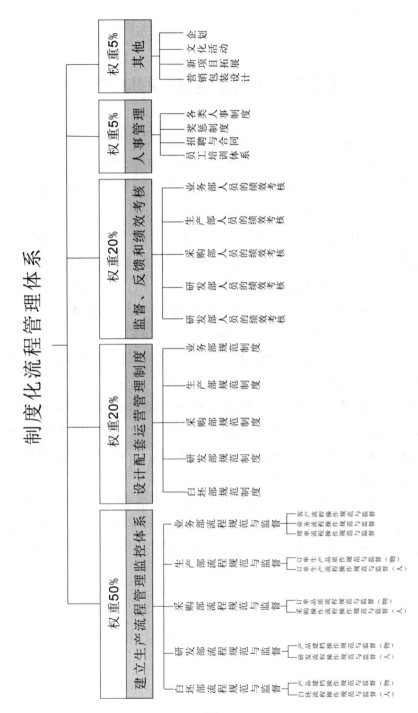

图 1-4

第五节　公司企业文化的建立

　　企业文化是企业的灵魂,是推动企业发展的不竭动力,它包含着非常丰富的内容,其核心是企业的精神和价值观。这里的价值观不是泛指企业管理中的各种文化现象,而是企业或企业中的员工在从事经营活动中所秉持的价值观念。

　　企业文化是在一定的条件下,企业生产经营和管理活动中所创造的具有该企业特色的精神财富和物质形态。它包括文化观念、价值观念、企业精神、道德规范、行为准则、历史传统、企业制度、文化环境、企业产品等。其中价值观是企业文化的核心。

　　纺织企业的企业文化在中小企业里面多数体现为营销文化,是管理者经营意识的延伸,和企业的经营模式息息相关,不同经营模式产生不同的管理方式,不同的管理方式催生不同的企业文化,小公司的企业文化看不见摸不着,但又时时刻刻贯穿在日常的生产经营活动当中;规模比较大的公司,在管理制度和管理体系相对完善的情况下,企业文化会体现得比较明显,从理念的宣传到团队的活动都会比较全面的展示,表现出其价值观、信念、形式、符号、行为方式等组成的其特有的文化形象,简单而言,就是企业在日常运行中所表现出的各方各面,企业需要制度,更需要文化,两者相结合为企业的长足发展保驾护航。

第六节 公司平台的创立

纺织公司发展到一定阶段,特别是销售额达到一定瓶颈的时候,把公司打造成一个平台型公司会帮助企业进一步发展,平台公司的搭建需要有完善的流程管理和制度管理。市场随时在变,企业也会随时变化而改革,改革不是简单的淘汰,而是建立更强大更有包容性的发展体制,发展平台型的公司必然削弱个人英雄主义,也会触及到部分人员的利益,可以保持原有的团队和绩效提成方式不变化,通过平台运营引入新的团队和尝试新的销售模式,通过完善的资源平台、流程平台和产品平台来实现资源共享,它能为创业期或成长期的部门或者营销人员提供发展过程中不可或缺的必要资源条件,降低各种形式的准入门槛,如资金、时间、渠道、品牌、人才等。

生产服务部、仓储部、检测部、检验部和财务部等都是相对独立核算的部门,业务部门或者拓展部门就可接入这些共享部门,形成共享和精细化管理的共同发展的平台公司。

平台公司的好处很多,除了发展新的营销人员和营销团队,也可以发展子公司,甚至是国外的子公司,只需要设定好绩效分成模式和升级管理模式即可快速拓展公司规模。

第七节　公司档案管理体系的建立

　　档案管理不同于数据管理,纺织 ERP 软件主要管理生产数据,但是在面料生产过程中每个环节都要有实物留档,而且生产工序非常冗长复杂,每个工艺对面料的物性指标和化学指标都会产生很大的差别,所以一个产品的研发到生产销售的整个过程都要详细的存档,可分为研发信息建档、产品信息建档、寻样来样建档、客户信息建档、供应商信息建档、加工厂信息建档、客诉资料建档、生产事故建档、检验留样建档、检测留样建档等。以图 1-5 为例。

　　每个部门的档案都要有多重分类和检索模式,以年份为索引,按订单号分类存档,每一格的左侧都有唯一的位置标签,按订单的下单时间顺序从左向右摆放,每个格子的左边都有个目录表,可以快速地查到自己要找寻的订单档案,如果要查询其他业务员同个品种的订单档案,可以通过 ERP 查询后得到订单档案号,然后找到相应的档案,研发部和采购部也是同样的管理存放标准,也可以通过这样的方式快速获取资料,在档案室设有查阅桌,不经允许不得把资料带出,档案卡涉及公司的核心研发、生产和成本等机密,不相关的人员和客户也不允许查阅,如果需要外借的,需要向档案室管理人员填写相应的借出手续。

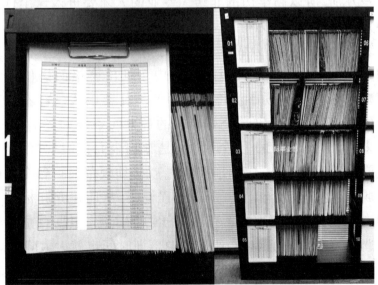

图 1-5

第八节　公司岗位标准化管理与轮值体系的建立

　　纺织生产贸易企业最核心和最基础的部分肯定是人才，纺织业虽然门槛低，但是需要常年累月的生产经验，培养一个熟练工种的周期很长，特别是纺织生产加工链很长，比如生产贸易型公司的贸易部有理单岗位、助理岗位、业务岗位；生产部有品控岗位、染厂跟单岗位、后整理厂跟单岗位、检验岗位、检测岗位；还有织造部门的工艺分析岗位、坯布检验岗位等，一个订单从接单到出货，每个环节的掌控都必不可少，这个生产流程上每个岗位所需要掌握的技能和知识又非常繁多，加上各种面料的生产品控又千差万别，所以高学历的非纺织专业的人才要进入这个行业就显得力不从心，能成为行业里的全能型人才就更加凤毛麟角了，所以纺织企业的大部分成本就是人才成本，而人才成本构成最主要的是时间成本，能在最短的时间内培训出合格的岗位人才就能缩减成本和提高效率。传统的师傅带徒弟模式已经不能适应时代的发展了，要带出一个好徒弟的各方面条件太多了，行业分工越来越细，快节奏的生活环境都是影响全面技能学习的因素。所以要快速地培养人才和使用人才，就必须规范公司各个部门的岗位职责、生产流程和岗位工作流程说明，从而建立起标准化管理和岗位轮值体系，让员工有自主学习的资源，根据自身特长有自主选择的空间，企业对专业人才的培训时间也就大大降低。

　　图1-6是标准化管理的具体实施步骤，标准化管理是实现智能化管理的前提条件。

标准化管理

序	项目	内容	时间计划
	设计标准化流程管理体系板块		
1	基础管理	梳理和优化公司组织架构	
		主要管理权限分配	
		产品企划	
		公司企划	
		岗位轮值设置	
		生产流转和节点控制	
		岗位工作日志	
2	梳理和优化公司的流程体系	产品研发流程	
		推样和客服流程	
		样品室和展厅的执行流程	
		业务接单和下单流程	
		白坯采购和品检流程	
		订单生产流程和管控流程	
		仓储和物流管控流程	
3	基础建档管理	研发信息建档	
		产品信息建档	
		寻样和来样建档	
		客户信息建档	
		染厂信息建档	
		供应商信息建档	
		后整厂信息建档	
		客诉资料建档	
		生产事故案例建档	
		检验留样建档	
		检测留样建档	
		售后留样建档	
		研发流程建档	
		采购流程建档	
		生产流程建档	
4	品控执行标准	坯布检验报告	
		染厂头缸检验报告	
		染厂头缸检测报告	
		后整检验报告	
		后整检测报告	
		出货全检报告	
		出货按指标全测报告	
		船样合格证	
		销售合格证	
5	评价体系	客户评价体系	
		供应商评价体系	
		加工商评价体系	
		员工评价体系	
6	系统建设执行	系统定向开发	
		信息数字化	
		办公智能化	
		数据同步共享	
		系统导入	
		员工培训	
		管理和系统结合	
		固化流程和执行标准	
7	品控和风控顾问	接单风险评估	
		新品开发风险评估	
		大货生产风险评估	
		检验检测风险评估	
		跟单生产评估	
		订单生产技术支持	
8	成本控制	坯布成本控制	
		染色成本控制	
		后整理成本控制	
		品质控制	
		订单要求成本控制	
		检验成本控制	
		检测成本控制	
		人员成本控制	
		订单利润控制	
9	供应商管理	坯布供应商管理	
		染厂供应商管理	
		后整理供应商管理	
		供应链管理	

图 1-6

第九节　公司智能管理体系的建立

　　基于纺织业的行业特点,产品和生产的非标属性突出,主观和外因在产品的生产和品质评判过程中都有很大的影响力,因此,纺织品生产贸易系统建设重在行为的规范化管控,其本质是一套以企业的标准化管理思路为指导的执行工具。

　　为了使工具更易于普及和使用,系统的建设采用云端部署的方式,做到"随时随地"登录使用;移动端嵌入通用的企业沟通工具平台如企业微信、钉钉等,做到与企业的日常沟通无缝衔接,并且在通用的功能方面实现共用和互通,最大程度地发挥软件的扩展性、灵活性和通用性。

　　生产流程方面,在系统的建设规划阶段就预留好足够的配置灵活性,以适应不同企业的实际流程需求;整个系统的各个环节以模块化、区块链的理念建设,尽可能地缩短每一个闭环,最大程度地提高系统的灵活度和可配置性,从而便于在规范化固定流程和灵活处理实际情况之间寻求平衡。

　　在生产指标、质量标准的管控等方面,系统将发挥自身的最大优势,将工作者的行为限制在标准的流程内,尽可能地使工作单元被动接收任务,并根据任务指导规范执行,最大程度地减少行为的发散性,减少错误,从而使数据规范有效,最终得以实现数据应有的价值。根据规范化流程,将任务推送至下一环节,员工在规范化的范围内执行,并实时通过操作终端反馈相应的数据。与此同时,系统需根据行业规范,建设可扩展的开放端口,为他方环节和他方系统的接入做好相应的准备。

　　智能化系统根据使用人员、使用场景和所录入、采集的信息,以SaaS平台、移动端、PDA、生产设备端、检验端、看板等形式,形成人－设备－产品的物联网,并且以开放的姿态允许他方数据的输出和输入。

　　根据纺织贸易生产的过程特点,智能管理系统需以从业人员的行为入手,在保持纺织品生产的创意性、灵活性的同时,规范其行为的宏观流向。这样的系统特点,一方面可以减轻管理者的管理成本和工作人员的劳动强度,也可保证生产的规范性,使生产结果始终处于可控的范围内(图1-7)。

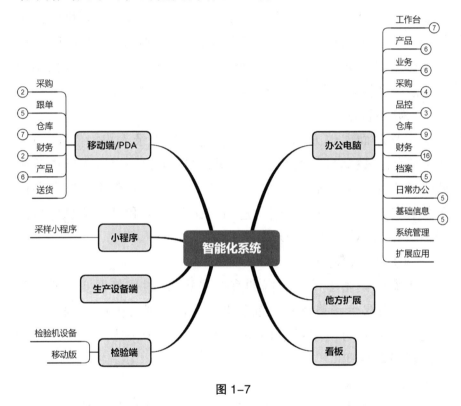

图 1-7

　　(1)办公电脑

　　办公电脑端将呈现系统最完整的功能,完成绝大部分的工作,对所有的工作内容进行统计和呈现,是最主要的办公平台。系统根据不同的功能场景设置功能区块,后文将会有专门的章节对其各个部分进行详述,办公电脑也可以是云端的办公系统,通过公司租赁网络服务器,分配给每个员工一个虚拟桌面,云电脑可以把自己的办公软件设置在云端,随时按照自己的工作习惯无差别地使用工作场景。

（2）移动端

移动端可以是手机、PDA或者移动平板电脑,移动端将着重移动场景中应用层面的功能实现,如跟单环节,身处生产现场,通过移动端获取生产指令,反馈生产结果,实现生产过程的实时互动。手机端同步了智能管理系统软件,在移动办公中可以随时查看工作进程;PDA多用于附加了电子信息标签的实物的调度管控环节,如仓库管理、展厅管理等。在实物调度的现场用PDA完成信息的获取和录入,可以极大地提高工作效率,减少出错概率;移动平板电脑则侧重于外部加工厂的实时数据采集。

（3）小程序

小程序面向他方,如客户,在特定场景中录入相关信息,方便扩展系统的数据采集面和服务的灵活性,小程序以嵌入智能管理软件或者主流社交软件为主,通过小程序可以实现沟通和服务的延伸,可以进一步对产品信息进行详细地了解和订单信息完成过程进行跟踪,对各个生产环节进行溯源。

（4）生产端设备

生产端设备多用于数据的直接采集,通过采集器实现设备联网,直接获取生产设备的运转数据,从而实现对生产数据的统计和管控;常见的使用场景即织机联网、验布机联网、染整设备和检测设备联网等。

（5）检验端

由于纺织业的生产方式和产品特点,最终成品的精确产量并不能靠生产线数据直接获取,最终记录的产量必须通过专门的计长和检验过程完成。检验端的设备将连接计米器,并能够在检验的过程中直接录入检验结果,对该检验标的物生成数字化标签,为下一步的工作做准备。

（6）检测端

各种检测设备也要连接到智能管理系统,把生产指标要求同步到检测设备,检测结果自动匹配生产指标,智能评分评级,检测数据实时采集并上传到智能管理系统。

第十节　公司人才与薪酬体系的建立

作为劳动密集型行业,人才的重要性不言而喻,特别是专业技术人才的培养和晋升更是重中之重,与之匹配的薪酬制度的设计是作为人力资源管理体系的基础,薪酬管理是企业高层管理者以及所有员工最为关注的内容,它直接关系到企业人力资源管理的成效,对企业的整体绩效产生影响。灵活有效的薪酬制度对激励员工和保持员工的稳定性具有重要作用,可使员工拥有更高的满意度、更好的敬业精神,更高的工作效率,以及创造出理想的经营业绩和成果。其中业务部作为龙头部门,人员结构和岗位设置比较复杂,提成模式也相对灵活,不能采用一刀切的统一管理方式和提成模式,因为个人能力和服务客户性质都不尽相同,要根据公司自身特色和条件健全完整的岗位薪资和人才晋升机制,才能为公司源源不断地培养业务人才,其他部门的薪资模式可以相对统一。

(1)业务部薪资模式

①业务理单:业务理单的岗位职责里面注重做事,围绕着订单生产或者业务员下派的内部工作职能为主,主要体现在做事、做数据和内部流程的沟通上,只要经过一段时间的培训,熟悉了公司的产品信息、生产流程和检验检测标准就能胜任。薪酬结构以基本工资＋福利＋业绩奖金为主,业绩奖金是属于绩效的部分,这部分绩效以劳动力报酬为主,一般与所完成的业绩挂钩。

②业务助理:业务助理除了做好订单跟踪以外,还需要协助业务员做好客户维护工作,协助处理一些生产问题,也需要协助业务员对订单的成本把控。薪酬结构以基本工资＋福利＋绩效提成为主,绩效提成可以依据订单的毛利率。

③业务员:业务员是一个需要综合能力很强的岗位,中小型

生产贸易公司还需具备一定的生产技能,业务员对订单利润负责任,根据所服务的客户性质和公司提供的配套生产条件,薪资结构比较灵活,以基本工资＋福利＋净利润模式为主,责任制比较能体现个人绩效,业务员需要对订单风险进行把控,与公司共同承担风险和收益,对净利润的定义每个公司的具体情况各有不同。

④业务组长:一个业务组包含多个业务员、业务助理和业务理单,业务组长除了对自己的订单负责以外,还要协助其他业务相关人员对资金风险、订单利润率的管控,薪资结构除了基本工资＋福利＋个人订单净利润以外,还有一部分业务组内部人员的管理奖金或者利润提成。

⑤业务总监:业务总监也相当于客服总监,主要还是协助其他业务员做业务拓展和处理一些重大的订单生产事故,业务总监更多地体现的是管理职能,在业务导向型的公司,业务总监也可以是总经理兼任,薪资结构以基本工资＋福利＋公司总利润率的提成为参考。

（2）生产部薪资结构

①检验人员:检验人员可按技能评定等级,结合检验产量、检验合格率、检验损耗控制率来设定薪资构成,薪资结构为基本工资＋职等工资＋产量工资＋加班工资。

②跟单人员:跟单人员属于技能型人才,绩效奖金里面可以参照定点加工厂的产量和加工费两个基本参数,同时质量（次品率和返现率）、交期、损耗和库存客诉也是考核基本要素。薪资结构以基本工资＋福利＋绩效奖金为主。

③品控主管:品控主管为生产部的主要负责人,也称生产经理,对公司的内部订单生产管理起着至关重要的作用,主要体现的是管理职能,绩效奖金跟总产能、总赔款金额挂钩,薪资结构可以是基本年薪＋产能提成＋绩效考核。

（3）职能部门薪资结构

业务部和生产部人员的薪资需要与直接营业额、产能和利润率直接挂钩,其他配套部门包含研发部、采购部和财务部等都可视为职能部门,职能部门的工作人员可以年薪为主,然后根据部门特色设定一些简单的绩效奖金,薪资结构不宜太复杂。

　　总之,公司要为每个部门提供晋升机制和薪资制度,让员工有明确的晋升渠道和奋斗目标,从员工的角度需要提升和实现自我价值,从公司的角度则需要实现岗位轮值的基础,这样才能保证公司的持续运营。

第二章　规范部门执行流程和创建智能管理

　　完整的公司架构体系内,每个部门都要有部门基本的组织框架和部门工作流程说明,根据组织框架和部门工作流程来设置部门岗位,再分配权限到各个岗位当中去,并对各个岗位制定岗位职责和行为规范,这样就能形成公司的运作体系,对整个运作体系进行行为规范就会形成公司的制度,制度因公司而异,而且比较基础,本书不做详细的介绍。在部门组织框架内,每个岗位都有相对应的职位描述,对所处岗位的工作内容进行概括,包括岗位设置的目的、基本职责和工作权限等内容;也对岗位的任职资格进一步说明,包括该岗位的行为标准和所需的知识、技能等需求的梳理。传统的岗位说明一般都以文字叙述为主,如果写的过多和过于详细,不管是新入职员工或者老员工,对岗位说明书就很难理解到位,而且岗位说明书多数是由人事部门撰写,没有实际参加过每个生产岗位的具体工作,经常出现纯理论性的叙述,会使人阅读理解困难,也很难实际落实和操作,而且每个岗位一个岗位说明,过于详细和复杂,如果不是大型企业,则不需要一个个岗位去进行文本说明,只要梳理出整个部门的总工作流程和任务,然后根据自己公司的实际情况设置自己的部门岗位职责和部门职能架构,按这种方式来呈现岗位职责和岗位分工会很容易理解,既能知道自己的主要工作内容,也能清楚自己要辅助的其他工作内容,主次有序。把各个岗位执行流程标准融入到智能系统里面,就能形成自动化智能管理体系。

第一节　研发部的流程体系

一、研发部的岗位职责与分工

根据平时研发部各岗位的具体工作内容和工作方式以表格化的形式展示出来,《研发部岗位职责与分工》是以研发部门的工作流程和主要工作内容为基础,把部门架构和部门工作内容分块归类,分为"信息收集""新品研发""研发管理""建档管理""推介反馈""展厅管理""展会管理"几个模块,简明扼要地把纺织产品从新品研发、新品管理到新品推广这个过程进行规范管理和规范操作,然后把研发部的岗位职能也放到表格里面,主要岗位如:研发主管、研发助理和技术员等职位设置罗列到表格上面,只要在职务下方的空格里面填上相应的名字,然后对应的部门工作任务后面填上相应的实心三角标志"▲",即表示这项任务的主要负责人;空心三角标志"△"则表示这项任务的辅助负责人或者第二责任人,当此任务的主要责任人休假的时候或者来不及的时候,由第二个人来负责,这样就能保证以工作任务为导向,部门内部的同事之间协同工作,每个人的工作任务和职责也就能一目了然。如图 2-1 示例。

研发部岗位职责与分工

类别	项目	(主管) 徐**	研发助理 余**	技术员 王**	实习生 沈**
信息收集	创意信息收集与整理	△	△		
	产品研发计划	▲			
	纱线供应商信息整理	▲			
新品研发	来样开发分析		△	▲	
	新品原创开发	▲	△		
	产品成本与定位分析	▲	△		
	产品工艺分析		▲		
	产品说明与风险提示		▲		
研发管理	来样面料管理		▲	△	
	研发资料管理		▲	△	
	纱线分类管理		▲	△	
	配套研发工厂管理		▲	△	
建档管理	纱线信息档案管理		▲		
	白坯生产工艺档案管理		▲	△	
	成品工艺档案管理		▲	△	
	各类检测指标档案		▲	△	
	产品分类档案管理		▲	△	
	ERP录入及维护		▲		
推介反馈	样品室入库		▲	△	
	营销与推广	▲	△		
	业务反馈信息整理		▲	△	
	客户反馈信息整理	▲	△		
展厅管理	展厅样品整理		▲	△	
	展品外借管理		▲	△	
	展厅卫生环境整理		▲	△	
	展厅安全管理		▲	△	
展会管理	展会样品整理		▲	△	
	展会样品登记标价		▲		
	展会样衣整理		▲	△	

注："▲"符号为主要负责工作　"△"符号为协助负责工作

图 2-1

二、研发部的产品研发流程

新产品的开发要严格按照整个生产工艺流程来操作，很多公司在开发产品时相对灵活，面料的开发途径也比较多样，有自主开发、来样开发和市场开发等，研发部和生产部没有形成很好的责任关系，在产品研发的初始阶段不断地更换工艺和风格是时有发生的，开发的过程比较烦琐和反复，涉及原材料、织造和染整等工序，产品生产工艺的不确定性是很强的，所以从产品开发的前期就要做好非常严格的准备工作，每个生产环节都要实物留档，也要文字和相关资料留档，把产品开发期间产生的变化都一一记录在档案卡里面，为以后大货订单提供生产依据（图 2-2）。

序	新品流程	进程明细	要求	负责人
		**新品开发流程说明**		
一	新品准备信息	图片及文字资料	客户/开发人员提供图片或样品资料要求	研发部经理/开发人员
		工艺品质样布	客户/开发人员提供工艺品质样	研发部经理/开发人员
		手感品质样布	客户/开发人员提供手感品质样	研发部经理/开发人员
		工艺分析	开发人员要和采购部及生产部分析具体工艺	研发部经理/开发人员
二	新品工艺分析	底布分析	研发部面料分析，采购部复查，调坯布	研发部经理和采购部经理
		染色分析	研发部和生产部经理确定染色工艺	研发部经理和生产部经理
		后整分析	研发部和生产部经理确定后整工艺	研发部经理和生产部经理
二	新品打样	坯布信息	供应商 坯布编号 价格 密度 成分	采购部经理
			织机类型 上机门幅 下机门幅 等	
			坯布风险评估	
		染厂信息	颜色样，手感品质样	研发部经理/开发人员
			染厂 染费+助剂费用 前处理 缸型 出缸门幅	生产部经理和跟单员
			定型工艺（定型门幅 车速 正反超 风机 助剂）	生产部经理和跟单员
			染色底布信息（门幅 克重 密度 色牢度 防水 撕裂）	生产部经理和跟单员
			染色风险评估	生产部经理和跟单员
		后整信息	工艺品质样，手感品质样	研发部经理/开发人员
			后整厂 工艺 加工价	生产部经理和跟单员
			后整风险评估	生产部经理和跟单员
三	新品编号	归纳新品资料	编号 规格 成分 门幅 克重 检测指标 预估成本	研发部理单员
四	新品风险处理	采购部方案	具体方案	研发部经理和采购部经理
		染厂方案	具体方案	研发部经理和生产部经理
		后整方案	具体方案	研发部经理和生产部经理
五	新品推广	推广产品资料	样布 吊卡 色卡 检测指表 功能指标 工艺+预估成本 定位 预估风险	研发部经理
		客户反馈	业务员提供客户反馈的意见给研发部	业务员
		完善产品推广	研发部改善产品	研发部
六	新品建档留底	电子留档	ERP录入电子留档	研发部经理/理单员
		纸质留档	工艺样布 工艺单 检测单 预估风险 客户反馈	研发部经理/理单员

图 2-2

三、研发部的档案跟踪卡

研发部档案卡为折叠内外四页,是整个研发流程的工艺存档记录,封面规范了必须存档的项目包含原样、白坯米样、大货品质样、工艺单、电子信息建档等信息;必须填写的项目包含坯布信息、成品信息、产品定位、检测指标和加工信息等;在产品研发的每个阶段相应的数据都应统一记录在档案卡里面,而且要把相应的品质样的一并存档,这样就形成一个产品研发的实物数据库,为未来大货订单的生产提供各种生产数据和实物样品,把数据上传到管理软件中,在推样的时候,通过扫码可以让客户看到新产品的各种测试指标,在接到大货订单后就可以调用产品研发数据库直接生成生产指令单,产品建档的难点在于流程的执行,也体现了一个公司的综合管理水平,必须从源头抓起,严格执行研发部的管理制度,落实每个相关责任人的操作流程,就可以从零开始,一步步地健全公司的档案管理体系。如图 2-3 示例。

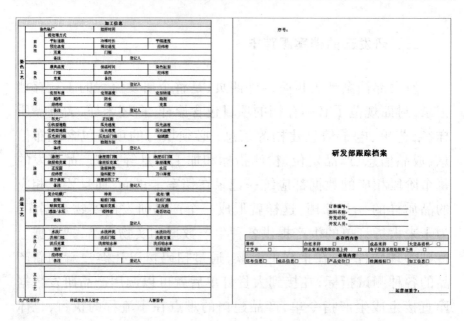

外页

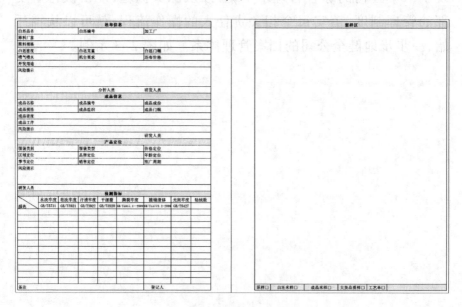

内页

图 2-3

四、研发部的产品说明书

产品说明书是指每个产品都应该有自己的身份属性,产品信息越详细,客户能获取的信息也越清晰,生产上的风险也越小,除了给客户提供最基础的产品基本信息,对这些基础信息进行数据化以后就能在系统上对各种分类进行组合搜索,比如产品的描述。

（1）产品定位:对产品的功能类型进行分类,如时尚休闲、商务休闲或城市户外等类型。

（2）产品类别:对产品的品类进行分类,如轻薄系列、环保系列、弹力系列等。

（3）区域定位:对产品的销售区域进行定位,大区域如欧洲、美洲或者亚洲,也可以面向某个国家甚至定位于销售到某个具体的地区。

（4）品牌定位:针对哪些服装品牌进行定向开发或者定向销售。

（5）服装版型:开发的产品适合哪个类型的版型,如风衣、夹克、羽绒服等。

（6）销售定位:研发的产品是要推向内销的、外贸的还是二级批发的方向。

（7）价格定位:产品开发的价格区间,是定位低端的、中端的还是高端的市场或者服装品牌。

（8）服装的类别:对产品的用途进行分类,如男装、女装、童装或老年装等。

（9）季节定位:产品研发是针对春、夏、秋、冬哪个季节。

（10）风格特性:详细描述产品的风格特点和主要功能等。

（11）白坯生产风险:坯布生产过程中产生的问题对后续加工的影响和注意事项。

（12）染色生产风险:染色生产过程中产生的问题对后续加

工的影响和注意事项。

（13）成衣生产风险：成衣生产过程中要规避的操作风险。

（14）产品的检测指标：研发的产品符合哪个生产标准，主要颜色在相应检测标准下的测试结果都要详细的记录。

检测数据是产品推样过程中的重要参考依据，每个产品在提供给客户的时候要明确提供各种重要指标参数，根据国标对主要颜色和敏感颜色做一系列的检测，如内部测试或者第三方检测，这样客户在选择产品的时候就能规避一些重要的隐性风险。

产品说明书的完善是一个公司成熟的标志，详细的产品说明能明显地提高工作效率，减少沟通环节中的信息不及时，避免后续的生产事故，所以做好产品档案和说明是对产品负责，也是对客户负责，每个产品都有相对应的生产工艺，产品数量是一个累积的过程，当一个公司的产品数量累积到数以千计的时候，如何快速获取产品信息、生产工艺和产品实物档案就是一个很难管理的过程，因为产品是放在样品间或者仓库的，产品信息是存放在电脑上或者 ERP 系统上的，产品研发过程的实物留档是存放在研发室或者档案室的，只有利用现代化的管理工具和信息技术才能把它们有效地统一在物联网系统里面，如何通过智能系统的方式来打通产品的存档、信息和实物三者链接，在后面的章节会有详细的介绍。图 2-4 是产品说明书的示例。

基本信息 Basic information	品名NAME:	阳光影树叶		编号CODE:	KF100		成份COMP:	92%N 8%SP	
	密度DENSITY:	103*54		幅宽WIDTH:	129/133CM		克重WEIGHT:	72GSM	
	规格CONST:	N20DFDY*N40DDTY+20DSP							
	用途PRODUCT USE:	羽绒服 Down jacket □	夹克 Jacket ✓	风衣 Windbreaker □			外套 Loose coat □		

产品描述 product description	产品定位 Product position	开发方向 Development direction	定向开发 Directional development	价格定位 Price position	中高端 In the high-end
		产品类别 Product category	休闲 Leisure	区域定位 Area position	欧洲/美洲/亚洲 European/America/Asia
		功能定位 Function position	防紫外线/感光 Anti-UV/Photosensitive	季节定位 Season position	春夏
	风格特性 Style properties	20D*40D尼龙纬弹，具有亲肤和增强运动舒适性，抗紫外线功能，保护人的皮肤不被晒伤，经过感光印花，温光显花型，健康并且时尚。 The weft is combined with N40D and 20D SP materials. the design inspiration comes from people's natural comfort and texture of clothing fabrics a strong sense of touch.It has Anti-UV function and protects human skin.After photosensitive printing, the pattern appears after encountering the warm light . it is healthy and fashionable.			

风险提示 Risk tips	白坯生产风险 Risk tips for grey fabric	注意：经条、横档。 Weft stain. defect line on the warp.
	染色生产风险 Risk tips for staining	注意：脏迹、皱感均匀、脏点。 Pay attention to uneven wrinkle, and the dirty point.
	加工生产风险 Risk tips for after-finishing	注意：印花效果。 Be careful when make printing.
	成衣生产风险 Risk tips for clothes	
	其它风险提示 Risk tips for others	

检测指标 Test standard	颜色 colour	水渍牢度 Water Fastness	皂洗牢度 Washing Fastness	汗渍牢度 Perspiration Fastness	干湿磨 Dry&Wet Rubbing Fastness	撕裂牢度 Tear Fastness	接缝滑移 Seam Slippage	钻绒数 Down Proof	光照牢度 Light Fastness
	Test	GB/T5731	GB/T3921	GB/T3922	GB/T3920	GB/T3917.1	GB/T13772.2	GB/T14272	GB/T8427
	Blue	4	4	4	4-5	J:18N W:15N			
	Yellow	4	4	4	4-5	J:18N W:15N			
	Purple	3-4	3-4	3-4	4	J:18N W:15N			
	防紫外线 Uv protection	GB/T18830-2009	UPF>50　T(UVA) AV 0.93%　T(UVB) AV 0.78%						

品牌使用 Brand USE	内销品牌 Domestic brad		

售后信息 After-sale information	销售数量 The sales amount	新产品 New product	产品成熟度 Product maturity	★★★★

检测机构 Testing institutions	✓ SGS □　ITS □　DRS ✓

图 2-4

五、研发部的智能化管理

（1）产品智能化管理

产品模块详细罗列了产品的各方面参数和生产信息。每一个产品都将生成一个独有的二维码，在产品管理、样品管理的过程中以该码作为身份认证，通过移动端、PDA 扫码获得产品的详细信息。如图 2-5 所示。

图 2-5

（2）展品智能化管理

展品与样品的区别在于，样品是业务员推广给客户的小样，而展品是样品的陈列物品，多以样册、挂卡或者成衣等形式，直观地展示布料在最终成衣上的效果，展品可视为展示厅的固定资产，每一件物品都需登记造册，如需带离展厅，须以租借的方式记录，限期归还。展品状态分为：在库、借出、逾期、损耗，展品的借出和归还均可通过 PDA 或者手机端来扫码操作，做到快速、准确，同时可实现产品的状态统计、逾期提醒等功能（图 2-6）。

借出单

借出单编号	JC20200101			
借出人	张三	客户名称	XX贸易有限公司	
借出时间	2020-01-01	借出期限	3天	▼
最晚归还日期	2020-01-04	逾期扣损率	1%	▼
备注	携带展品前往客户公司拜访。			
借出展品总价	100200	元	逾期扣款额	100.2	元/天
制单人	李四	制单时间	2020-01-01	
审批状态				

业务总监

序号	展品编号	展品类别	展厅	展位	单价	备注
1	ZP012-1	成衣	总部展厅	A9-009	￥5000	2021款冬装
2	ZP098-5	成衣	总部展厅	A3-046	￥5000	2021款秋装
3	YC012	样册	产品陈列室	B230	￥200	
					￥100200	

图 2-6

展品管理自成独立的逻辑闭环,可作为单独的模块开启和运作,包含了完整的展品资料记录和独立的编码和二维码体系。展品所采用的产品,可通过产品的品号/品名关联至产品基本信息,获取面料的详细资料。通过展品管理,可对每一件展品进行跟踪和追溯,实时追踪展品的状态,减少展品的遗失和损耗。

第二节　样品部的流程体系

一、样品部的执行流程和管理标准

样品部的管理是比较繁杂的,因为它包含样品库、样卡库、研发库和展示厅,很多公司因为多年的积累,样品的种类繁多,历史悠久,如果不分类管理就会杂乱不堪,但分类管理又涉及仓库的大小和各种相关条件的限制,所以要因地制宜,制定出符合公司现有条件的管理方案,常规的分类管理方式有按产品成份分类、按客户分类、按时间分类、按业务员分类或者按产品属性分类等方式,但这些分类方式的共同之处就是对所有产品进行分类整理,产品总数没有减少,只是不同的归类方式和存放位置,这些分类方式解决不了根本的问题,既节省不了空间也节省不了人员,可以尝试用畅销和滞销来分类,因为纺织品的开发不同于其他商业产品,它是加工半成品,产品的迭代性没那么快,一个产品从研发到稳定生产需要的周期很长,很多新开发的创新品也会慢慢转变为常规产品,而且有一定的反复性,所以要从提高产品的周转率上来分类,把畅销品和滞销品分开,这样就可以分离出一大半滞销的产品,滞销品也不一定要淘汰,可以新建一个滞销品仓,滞销品仓除了用来存放滞销品还可以用来存放只有色卡、没有样卡或者没有样布的产品,让它进入休眠状态,如果后期要继续推广滞销品,可以重新激活并按照新样品入库的流程把它添加到畅销品仓位,这样把有限的人力资源和仓储资源匹配给畅销品,管理起来就事半功倍。

此外,样品的管理还涉及了样品展示方面的管理,样品展示厅也是一个分类的小仓库,展品、样品和样品库的分类和规范也要做到一致性,才能做到有效地提高工作效率、降低管理成本,向自助自动化管理迈进。围绕着畅销品和滞销品来分类管理,以位置为索引重新定位样品库和展品库的管理标准,做到样卡、挂卡和样品库位的一致性。位置索引就是对位置进行编号,可以从 1 号开始,有多少畅销品就编多少号,位置号是不变的,位置号打印在色卡标签上、挂卡标签上和样品样衣标签上,根据位置号就可以自助拿到色卡、挂卡和剪到米样。如图 2-7 所示。

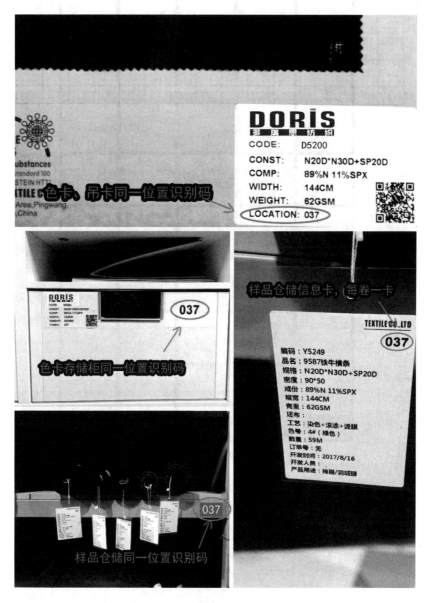

图 2-7

图 2-8 为产品的样卡柜示意图。

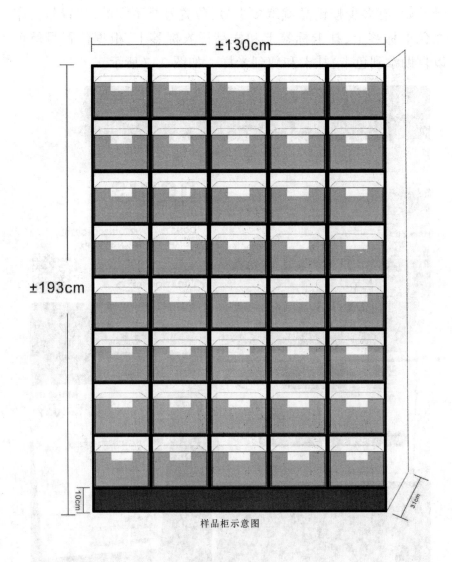

样品柜示意图

图 2-8

样品柜抽屉示意图，如图 2-9 所示。

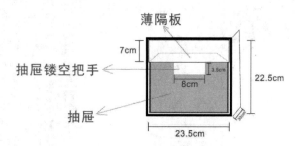

抽屉红色标注的尺寸为净空间尺寸

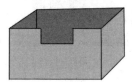

抽屉示意图

1、每个格子包含一个薄的挡板和一个抽屉，1组40格（5横*8竖）
2、单位格子净空间尺寸（不含边框）高22.6cm*宽23.5cm*深30cm
　　隔层净空间高7cm*宽23.5cm*深30cm
　　抽屉把手为镂空设计，可以伸进手指拉出抽屉，抽屉四边一底
　　长方形镂空把手为长8cm*高3.5cm 镂空切割处收边（怕毛边割手）
3、用1.6cm板材，薄板（隔层板）用0.9cm，每组柜子含独立背板
4、整体保持平面
5、总计24组*40格=960格

图 2-9

实物照片,如图 2-10 所示。

图 2-10

样卡柜设计为两格,上格放置已经贴好的色卡,下方的抽屉放置裁好的颜色样和一张原始色卡,原始色卡不能被拿出,需要用来存档和复制,上格的色卡不用制作太多,按畅销程度来定义色卡的数量,通常情况下不需要备份超过 20 份色卡,按需制作可以避免做出一大堆没有需求的色卡,如果样品室有专职的样卡制作员工,则可以在存量低于 3 份色卡就按需补充色卡,在没有专职的样卡制作员工的情况下也可以由业务助理或者理单人员自助拿出小抽屉里面的颜色样来制作,从而最大程度地节省人力成本和材料成本。

二、样品部岗位职责与分工

样品部的岗位职责分为信息管理、日常管理、样品管理、展厅管理和展会管理几大板块,按部门流程梳理好人、事、物和信息,规范每个岗位的职责和任务,就可以实现岗位的晋升和轮值,也可以和其他部门的岗位实现轮岗轮值(图 2-11)。

三、样品的编码规范

样品编号是一个相对复杂的系统,一般情况下样品是有针对性的,所以要体现公司产品编号特有的属性,也要代表一定的意义,又要便于记忆,所以难度比较大。产品偏号一般由字母加数字组成,长度超过 6 位数记忆的难度会增大很多。一般情况下按成份编号、按时间编号或者给字母或者数字赋予一定的含义来编号,编号要留有延展性,因为产品是不断推陈出新的,编号的规则是相对固定的,用规则编号,对产品的管理会带来长远的好处。例如:

样品部岗位职责与分工

类别		项目	（主管）王**	助理 李**	剪样员 赵**	实习生 ***
信息管理		新产品编号	▲			
		新颜色编号	▲			
		ERP录入及维护	▲		△	
		新产品汇总表	▲	△		
日常管理		样品样衣出借管理	▲	△	△	
		常用工具管理	△	▲		
		印刷品库存及管理	△	▲		
		月总结报表	▲			
		年总结报表	▲			
		现金报表	▲			
样品管理	样布管理	新品收货	▲		△	
		样品补货	▲		△	
		日常调样及寄样	△	△	▲	
		样布库存管理	△	△	▲	
		样品出库单录入ERP	△		▲	
		样品仓库规范整理	△		▲	
	色卡吊卡管理	贴拿色卡/吊卡	△	▲	△	
		样卡出库单的录入	△	▲		
		小样及样卡库存的盘点及管理	△	▲	△	
		样品制作室规范整理	△	▲	△	
展厅管理	业务部展厅	展厅样品整理	△	△	△	
		展品外借管理	△	△	△	
		展厅卫生环境整理	△	△	△	
		展厅安全管理	△	△	△	
	研发部展厅	展厅样品整理	△	△	△	
		展品外借管理	△	△	△	
		展厅卫生环境整理	△	△	△	
		展厅安全管理	△	△	△	
展会管理		展会样品整理	▲	△		
		展会样品登记标价	▲			
		展会样衣整理	▲	△	△	

注："▲"符号为主要负责工作　　"△"符号为协助负责工作

图 2-11

字母代表成分和面料属性：
P（涤纶）、N（尼龙）、C（棉）、T（T400 系列）、PW（涤纶纬弹）、PJ（涤纶经弹）、P（涤纶四面弹）、NW（尼龙纬弹）、NJ（尼龙经弹）、NS（尼龙四面弹）、NP（锦涤）、NC（锦棉）、PC（涤棉）、NPC（锦涤棉）、KF（开发临时编号）
大概经纬纱线粗细：
1（20D 以 下）、2（20D-40D）、3（40D-60D）、4（60D-80D）、5（80D-100D）、6（100D-120D）、7（120D-140D）、8（140D-160D）、9（160D 以上）
后整工艺
1 压光、2 涂层、3 水洗、4 烫膜、5 烫金、6 印花、7 复合、8 贴膜、9 其他

四、样品颜色的编号规范

样品颜色的编码要有一定的规律，先分出公司主要的产品主要色系，对每个色系进行归类，色号一般情况下不带字母，避免和产品编号混淆，以色阶或色相递进式分类，产品偏向男装的两位数的色号就够了，偏向女装的色号可以是三位数，也可以为每个色号定义颜色名称，建立起规范的产品颜色库，在日常使用过程和沟通环节中就不易产生错误（图 2-12）。

样品颜色编码规范

白色&浅色	黄色	红色	卡其	灰色	咖色	绿色	紫色&其他	藏青	黑色
001#	101#	201#	301#	401#	501#	601#	701#	801#	901#
002#	102#	202#	302#	402#	502#	602#	702#	802#	902#
003#	103#	203#	303#	403#	503#	603#	703#	803#	903#
004#	104#	204#	304#	404#	504#	604#	704#	804#	904#
005#	105#	205#	305#	405#	505#	605#	705#	805#	905#
006#	106#	206#	306#	406#	506#	606#	706#	806#	906#
007#	107#	207#	307#	407#	507#	607#	707#	807#	907#
008#	108#	208#	308#	408#	508#	608#	708#	808#	908#
009#	109#	209#	309#	409#	509#	609#	709#	809#	909#
0**#	1**#	2**#	3**#	4**#	5**#	6**#	7**#	8**#	9**#

图 2-12

五、样品部的智能化管理

智能化物联网管理可以提高工作效率,构建部门之间的信息流通,利用二维码管理对样品、样衣和档案卡可以赋予每个需要管理的对象一个独立的身份信息,通过扫描微信二维码即可获取相应目标对象的详细信息,根据内部管理分配权限,不同身份扫描同一个二维码得到的信息结果是不一样的,所有信息库都存档于云端数据库,利用手机移动网络即可随时扫描登录,公司管理人员和业务人员可以获取非常详细的板块信息,从基本的产品信息到纱线价格、各种加工报价、成本信息、客诉信息、风险提示、品牌使用、检测信息、销售信息和生产工艺等,还能获取档案室的研发档案号、采购档案号、订单档案号、样品存储位置号等,通过手机端和电脑端不断地丰富和更新产品生产工艺、风险提示和客诉信息等重要的生产数据,每个产品都可以单独下载产品说明书,把产品信息库和客户管理链接起来就能及时根据客户推样,把产品信息库和生产链接就能实时导入风险提示到生产指令单中,所以样品信息库的智能化能体现一个公司的基础信息管理水平,在完成信息化的建设过程中要规范和建立各部门的各种资料建档,通过规范化和信息化管理就能快速提高工作效率和实现岗位轮值。

（1）二维码信息档案库管理(图2-13)

二维码运营档案信息库

基本信息

品名	20D斜纹尼丝纺
编号	686.713
成份	100%N
密度	102*74
门幅	144/145CM
克重	42±2G/M2
规格	N20D/24F*N20D/24F
用途	
研发档案号	
采购档案号	
订单档案号	

颜色样展示

视频展示

样衣展示

产品描述

- 产品类别
- 价格定位
- 销售定位
- 区域定位
- 品牌定位
- 年龄定位
- 季节定位
- 服装类型
- 风格特性
- 优缺点描述

风险提示

- 坯布风险
- 染色风险
- 后整风险
- 成衣风险

售后信息

- 已售米数
- 成熟指数
- 检测机构检测
- 品牌使用

客诉问题

- 坯布客诉
- 染厂客诉
- 后整客诉
- 成衣客诉

坯布信息

- 坯布品名
- 坯布编号
- 坯布供应商
- 原料厂家
- 原料规格
- 白坯密度
- 白坯克重
- 白坯门幅
- 生产机型
- 其它备注
- 研发时间
- 经手人

成本信息

- 白坯价格
- 染色价格
- 水洗价格
- 压光价格
- 磨毛价格
- 涂层价格
- 复合价格
- 印花价格
- 压花价格
- 烫金价格
- 其它加工
- 成品成本
- 报价时间
- 经手人

染色信息

- 染厂名称
- 前处理方式
- 染色机型
- 染色最高温度
- 定型温度
- 定型车速
- 助剂
- 经纬密
- 克重
- 备注
- 放样时间
- 经手人

后整压光信息

- 压光厂名称
- 正反面
- 机型编数
- 压光速度
- 压光温度
- 压光前门幅
- 压光后门幅
- 钻硅数
- 空淘值
- 其它备注
- 放样时间
- 经手人

后整涂层信息

- 涂层厂名称
- 涂层种类
- 正反面
- 涂层前加工工艺
- 涂料品牌
- 加工前门幅
- 加工后门幅
- 加工前克重
- 加工后克重
- 烘干温度
- 烘干速度
- 水压
- 其它备注
- 放样时间
- 经手人

后整复合贴膜

- 复合贴膜厂
- 加工种类
- 底布/膜
- 正反面
- 加工前门幅
- 加工后门幅
- 加工前克重
- 加工后克重
- 透湿/水压
- 是否切边
- 其它备注
- 放样时间
- 经手人

后整水洗/预缩

- 水洗厂名称
- 水洗种类
- 水洗助剂
- 洗前门幅
- 洗后门幅
- 洗前缩水率
- 洗后缩水率
- 洗前克重
- 洗后克重
- 洗前经纬密
- 洗后经纬密
- 水温
- 烘箱温度
- 其它备注
- 放样时间
- 经手人

后整其他工艺

检测指标

炭黑			
干磨	ISO105×2		4-5
湿磨	ISO105×2		4-5
皂洗	ISO105C0		4-5
皂洗变色	ISO105C0		4-5
汗碱	ISO105EOL-2002		4-5
汗碱变色	ISO105EOL-2002		4-5
防水	ISO		3-4
撕破摆锤法	GB/T3911.1-1997	W:7.6N	J:10.8N

检测指标

庄国蓝			
干磨	ISO105×2		4-5
湿磨	ISO105×2		4-5
皂洗	ISO105C0		4-5
皂洗变色	ISO105C0		4-5
汗碱	ISO105EOL-2002		4-5
汗碱变色	ISO105EOL-2002		4-5
防水	ISO		3-4
撕破摆锤法	GB/T3911.1-1997	W:7.6N	J:10.8N

检测指标

铜奇黄			
干磨	ISO105×2		4-5
湿磨	ISO105×2		4-5
皂洗	ISO105C0		4-5
皂洗变色	ISO105C0		4-5
汗碱	ISO105EOL-2002		4-5
汗碱变色	ISO105EOL-2002		4-5
防水	ISO		3-4
撕破摆锤法	GB/T3911.1-1997	W:7.6N	J:10.8N

检测指标

石榴红			
干磨	ISO105×2		4-5
湿磨	ISO105×2		4-5
皂洗	ISO105C0		4-5
皂洗变色	ISO105C0		4-5
汗碱	ISO105EOL-2002		4-5
汗碱变色	ISO105EOL-2002		4-5
防水	ISO		3-4
撕破摆锤法	GB/T3911.1-1997	W:7.6N	J:10.8N

图 2-13

（2）产品库智能搜索

产品搜索功能是产品信息库的另外一个便捷的功能,当一个公司有成千上万的产品时,如何快速按各种品类筛选出所需要的产品就显得至关重要,当研发部门对每个产品在做分类的时候,要同时给予多个标签,产品可以按照最基本的品名来模糊搜索,也可以按品类、区域定位、品牌定位、产品定位、服装版型、服装类型、季节定位、价格区间、克重区间、加工厂商等方式来组合搜索,需要按哪些分类来搜索就可以在相应品类的子选项上打钩,筛选方式为多选,如图2-14所示,当我们勾选"产品定位－时尚休闲"和"季节定位－秋"这两个类别,下面列表就可以在产品信息库里面自动搜索出符合这两个类别的产品,并形成一张产品列表,产品列表可以直接生成电子表格或者下载打印,各种组合的搜索形式都可以随意勾选。如果是客户选中的样品,可以通过手机传送电子文件给客户,也可以直接打印出纸质说明书,说明书的内容和格式在上一章节研发部的图片范本里面有详细的图示。产品详情搜索的入口可以是最直接的二维码形式,把二维码标签贴到色卡、吊卡或者样衣上面,公司内部人员和客户扫描同一个二维码即可获得不同的产品内容,把产品信息库结合实际的场景应用就可以起到事半功倍的效果,产品的生产工艺和客户反馈后期也可以导入到订单生产指令单当中,生产问题和客诉问题也会通过系统导入到样品信息库里面,做到产品数据库和生产数据库的交互式实时更新,这样从产品的研发、生产和售后几个方面的信息叠加就会不断丰富产品的重要风险提示并起到很好的品控作用(图2-14)。

搜索

品名: [品名] 编号: [编号] 成品克重(G/M2): [最小值] 至 [最大值]

产品类别: ☐轻薄 ☐强力 ☐棉感 ☐机理和骨干 ☐户外运动 ☐时尚科技面料 ☐概念产品 ☐热销产品

销售定位: ☐外贸 ☐内销

区域定位: ☐中国 ☐日本 ☐韩国 ☐美国 ☐意大利 ☐加拿大 ☐俄罗斯 ☐其他

品牌定位: ☐高端 ☐中销 ☐低端

品牌用户: ☐

产品定位: ☑时尚休闲 ☐商务休闲 ☐城市户外

服装版型: ☐ ☐ ☐ ☐ ☐
羽绒服 棉服 夹克 风衣 功能户外

服装类别: ☐男装 ☐女装 ☐童装 ☐老人装

季节定位: ☐春 ☐夏 ☑秋 ☐冬

价格(元): [最小值] 至 [最大值] 坯布品名: [坯布品名]

坯布供应商: [坯布供应商] 压光厂: [压光厂] 染厂: [染厂]

复合贴膜厂: [复合贴膜厂] 涂层厂: [涂层厂] 水洗厂: [水洗厂] [搜索]

秋，时尚休闲						
品名	编号	克重(G/M2)	门幅(cm)	密度(cm)	成分	规格
双色斜纹记忆	******	120-125	145	136X55	62%PTT, 38%CD	PTT50D*P75D CD
纬弹塔丝隆	******	155-160	137	60X33	94%N, 6%SP	N90D *N70D+40DSP
75D全记忆	******	125-130	145	88X42	100%PTT	PTT 75D*PTT 75D
全弹全捻真记忆	******	144-150	145	84X42	100%PTT	PTT 75D *PTT75D
阳离子角综	******	135-137	142	22X18	100%Polyester	P300D*P300D
双色人字仿羊绒	******	137-143	142	37X32	100%P	P160D*P160D
圆孔缎面黑丝	******	95-100	145	0X0	100%N	N70D*N70D
双色斜纹	******	111-117	145	82X55	100%N	N70D*N70D*2根
尼龙斜纹大提花	******	185-195	134	92X31	100%N	N70D*N210D
尼龙提花飞镖	******	123-130	145	80X24	1005N	N70D*N210D
双面斜纹四面弹	******	240-245	142	108X74	85%N, 15%SP	N70D+40DSP*N70D+40SP
黑丝有光记忆布	******	118-122	148	82X40	100%P	PTT 75D*P75D FDY
阳离子珍珠点	******	91-93	142.24	75X60	100%P	P50D*P50D+P150
色织大提花---迷彩	******	133-135	142.24	80X38	100%P	P50D*P160D
2/2斜阳离子	******	137-139	144.78	50X36	100%P	P150D*P150D
平纹哔叽斜贴膜	******	161-163	147	32X24	P100%	P300D+P300D+20D导电*300D
斜纹仿记忆	******	114-116	147.32	85X62	100%P	P50D*P50D
金属丝压光涂层	******	125-135	130	34X25	54%R 29%T 11%C 6%M	R/T 60S*R/T32S+(C40S+M)
尼龙纬弹	******	60-66	145	90X48	92%N, 8%SP	N20D*N40D+20DSP
平纹全记忆	******	160-161	141	88X42	P100%	75D*75D
色织记忆格子	******	90-91	144.78	68X43	100%P	65D*65D

图 2-14

（3）样品管理和调样

样品板块分为样品列表、调样和采样小程序，可通过电脑、移动端等方式，对产品的吊卡、色卡、样布等样品进行查看和管理（图2-15）。

本板块是研发部样品管理员的主要工作任务处理平台，系统将通过内部业务调样和外部客户采样等两种方式向样品管理员发送调样通知，管理员收到相应的任务后，通过电脑或移动端进行产品的调出和寄送，并反馈实际寄送结果。

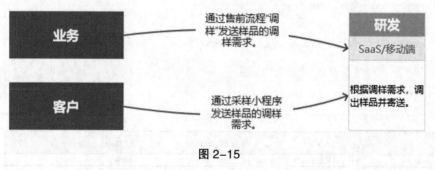

图 2-15

（4）采样小程序

"采样小程序"是系统中针对企业对外宣传展示的场景设计开发的微信小程序，每一个业务员都会生成专属的"产品库小程序"二维码，用于展厅、门市部、展会等场景。通过微信扫码后将激活微信小程序"采样"，可在其中浏览对外公开的产品信息。客户可在小程序中浏览企业的产品，或在展厅、门市部、展会等现场通过扫码进行采样，并获得业务员反馈的报价信息。同时该板块可生成"调样"，样品管理员即可通过该信息，向客户寄送相应的样品（图2-16）。

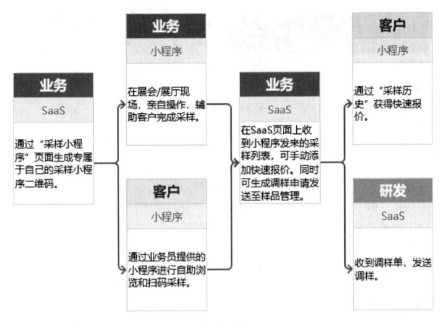

图 2-16

图 2-17 为采样小程序的设计,采样程序的内容是根据样品信息库的内容提炼出来的,跟内部的产品信息库是共通的,分为客户信息、扫码和采样历史三个板块,三个板块也是业务接单的正常流程,特别是在展会初始建立新客户信息资料库上就更加重要,先要获取和登记客户的基本信息、生产方式和营销方式才能形成客户的建档管理,根据这些信息就可以筛选出自己公司内部匹配的产品,也可以培训和统一业务员的接单模式,为以后打通各个部门的数据流奠定基础。

中国移动 4G ⚫ 17:31

客户信息

| 客户名称 | 请输入客户名称 |

📷 上传名片

联系人	请输入联系人
职位	请输入职位
联系电话	请输入联系电话
接单人员	请输入业务员

区域定位

☐ 中国　☐ 日本　☐ 韩国　☐ 美国　☐ 意大利　☐ 加拿大　☐ 俄罗斯　☐ 其他

产品定位

☐ 时尚休闲　☐ 商务休闲　☐ 城市户外运动　☐ 时尚科技面料　☐ 其他

| 营销品牌 | 请输入营销品牌 |

生产模式

☐ 不固定　☐ 订货会　☐ 加工　☐ 加工自产　☐ 其他

品牌定位

☐ 中端　☐ 高端　☐ 低端

季节定位

☐ 春　☐ 夏　☐ 秋　☐ 冬

服装版型

☐ 羽绒服　☐ 棉服　☐ 夹克　☐ 风衣　☐ 功能户外

服装类别

☐ 男装　☐ 女装　☐ 童装　☐ 老年装　☐ 其他

销售定位

☐ 外贸　☐ 内销　☐ 其他

价格定位

☐ 10-15元　☐ 15.1-20元　☐ 20.1-35元　☐ 35.1-50元

产品开发周期

☐ 一年两季　☐ 6个月　☐ 2-3个月　☐ 其他

产品下单周期

☐ 5个月　☐ 3个月　☐ 6月份下单　☐ 7月份下单　☐ 其他

| 备注 | 请输入备注 |

📷 上传图片

[保存]　[重置]

客户信息　　扫码　　采样历史

客户登记表
Customer registration form　　　　0000035

接单员：Logam　2019/9/18 14:52:15

名称 Name	区域定位 Zone	产品定位 Sample Require
▉	中国，俄罗斯	时尚休闲
营销品牌 Running Band	生产模式 Produce Type	品牌定位 Brand Require
▉	不固定	中端
季节定位 Season Require	服装版型 Garment' Sample	服装类别 Clothing Categories
春	羽绒服,	男装
销售定位 Marketing Require	产品开发周期 The Period Of New Collection	产品下单周期 The Period Of Production
外贸	一年两季	6月份下单

客户名片 Business Card	调样品种 Sample Product
	P5198 N7888-2 P5198 P79044 阳离子T400 50D机械弹 272尼龙料 磁感棉

备注 Reference
很重要的客户

图 2-17

第三节　采购部的流程体系

一、采购的执行流程和管理标准

采购的基本流程：收集信息 – 询价 – 比价 – 议价 – 评估 – 索样 – 请购 – 订购 – 协调与沟通 – 催交 – 进货检收 – 问题处理 – 整理付款，相关的单据有：请购单、采购单、询价单、采购比价单、进货单、采购退货单、采购异常客诉单和退货单等。

如何做好坯布采购：

（1）确定好价格、成份、规格、品质样、打样交期、打样费、起订量、大货交期、付款方式。

（2）特殊问题的需要问清楚损耗、染费、染厂、要注意哪些相关环节。

（3）成份、规格、交期、登记号相关数据、确认是否与原样一致。

（4）下采购指示单，注明门幅、克重、规格、用纱、使用机台的型号。

（5）签字采购合同，明确上面的内容（价格、交货期、数量、品质要求等）。

（6）做到随时跟进，跟进订单合同要求，定期抽检样品，定期核实机台数量和生产交期。

（7）分机号、分批号放置坯布，要求高的可以每卷坯布定码。

（8）在生产大货的过程中进行多次跟踪机台的运转情况和产品的质量情况，及时发现问题。

（9）做到所有的问题，质量和交期全部在生产过程中得到解决。

（10）有任何影响质量和交期的因素要及时向业务员反馈，

及时调整后期生产计划。

（11）跟进头缸品质,向生产部了解质量情况,要回头缸样品质放置采购档案卡。

（12）定期到检验仓库了解坯布质量,做到订单持续跟进,随时抽检。

（13）出现质量异常还在织坯的,要立即协同织造厂人员到染厂去看质量异常的实际情况,并同时采取解决方案,保证交货期,若有重大问题,要求织造厂停机,并协商客诉方案。

（14）每单要抽查坯布的质量,并做好相关的记录,对质量异常进行分类。

采购部是一个执行部门,主要对接的是白坯部门或者白坯加工厂,根据订单要求进行跟进和核实的过程,采购部也相当于一个子公司,要有自己的内部质量管控标准和采购流程执行体系,但是采购的坯布要进入染厂和后整理厂进行二次或者多次深加工,所以坯布的质量对深加工关系重大,采购部门也关联到生产部门和品控部门沟通操作,所以对坯布的品质把控应该由品控部门来评定,采购部只是按时、按量、按订单要求的品质来提交坯布,品控部门还需要对坯布进行生产试样,对坯布到染色后的隐性风险进行评估,对坯布质量进行评分评级。

采购部、生产部和品控部既是三个独立的部门,又是直接关联订单生产的基础部门,各部门之间要有自己的品质管理标准和流程执行标准,也要起到相互协作、相互监督的作用。

此外,采购部和业务部的沟通也尤为重要,采购部的订单是由业务部下达,业务部的订单是由客户下达,业务部是作为客户和公司生产沟通的一个桥梁部门,为了做到快速反应和快速接单,采购部也可以适当开放部分指定的坯布供应商给业务部直接询价和询问交期,只是业务部没有下单权,下单过程要通过采购部的正规流程,有些中小型公司或者刚起步的公司,由业务直接对接坯布供应商或者业务直接主导生产都是不规范的。

图 2-18 是某公司实际的采购流程和相关部门间品控体系说明。

采购流程和品控体系说明

一、坯布采购流程：

1、业务部长暂时享有订单咨询下单权，但需经过公司审批流程。

2、业务部长找供应商询价，第一选择为公司制定供应商，第二选择长期配合的供应商，第三选择为其他供应商。

3、下订单需参考供应商资质，五个级别：A+（连续两年评为A级）、A、A-、B+、B；评分评级情况每个季度或半年更新一次。

4、坯布1千米以上需要建立采购合同（合同编号国内事业部为S180001始，国际事业部为S185001始），业务部长根据业务部的订单情况，填写、打印并签署采购合同，采购合同交到"采购计划"部长审核供应商资质和详细的订单合同信息，审核通过后采购部长签字，由采购部提交总经理签字后财务盖章。

5、我公司签字盖章后的采购合同由采购部长或采购助理对接供应商盖章签字后合同生效，双方签字盖章后的合同采购部保留一份，把合同交给采购部会计归入《订单采购档案卡》，并录入"订单跟踪进度表"，进行实时跟踪。

6、订单生成后，如果我们公司有品样（含白坯品质样和成品质样），需提供品样给供应商，并在品质样上写明**"采购合同号"**品质样"、"日期"、"送样人"等信息。

7、在大货上机生产前，采购部需找供应商索要白坯生产米样和染色米样（烧布头样），在米样上写明**"采购合同号"**大货产前米样"、"机台号"、"生产日期"等信息，送回公司给业务部长和采购部长签字确认，业务部长和采购部长签在《订单档案卡》上，米样归入《订单档案卡》。

8、业务部长和采购部长确认后，由采购部通知供应商开始生产大货，在大货生产期间，建议供应商每台机都烧布头，防范大批量生产事故。

9、采购部（可带白坯检验员）定期去核实坯布生产进度、检验坯布生产质量、生产数量和存放标准，可以在布卷心上做上记号，把信息回馈给采购部会计记录在"订单跟踪表"上，每周例会汇总汇报给品控副总。

10、坯布拉回我们公司的，检验科长要及时检验坯布质量，合格才能入仓，并把检验情况在周例会上汇总汇报给品控副总。

11、坯布在生产过程中或者存放在供应商仓库的，品控副总安排坯布检验人员去外仓抽查订单质量情况，周例会汇总汇报，白坯生产过程纳入品控副总的管理范围。

12、已生产的坯布出现质量异常，采购部马上填写"质量预警客诉单"，通知供应商来看货并签字。

13、在大货染色前，生产部责令染厂打头缸"检测检验报告"，"检测检验报告"由品控副总签字后交由采购部长签字，头缸品质样需要业务部长或者业务员签字（可以签在米样上也可以签在《业务部订单档案卡》上），采购部长、业务部和品控副总签字后方可进入大货染色，"检测检验报告"和头缸品质样交给运营助理归入《业务部订单档案卡》。

14、头缸染色出现问题的后及时填写"质量客诉单"，由品控副总及时调整染厂和协调坯布供应计划。

15、建立交期预警机制，从坯布供应、打样打色、头缸确认、船期确认、质量问题、颜色问题、协调沟通等方面的全面进度跟踪，任何一个环节的交期延误都列为生产预警事故，列入相应的绩效考核。

二、成品采购流程：

成品采购金额大于1万元的，需要签订采购合同，成品采购合同签订流程与坯布采购合同签订的流程一样，成品外购检验与公司检验流程一致。

图 2-18

二、采购部的岗位职责与分工

采购部是非常重要部门，为业务部和生产部提供最直接的服务，采购部采购原材料的好坏涉及后面一系列的深加工问题，如何做到快速反应和保质保量是一个系统性的问题，规模小的成品生产公司，采购一般由老板直接兼任，规模大的公司会把采购部细分成几个岗位，把坯布质量牢牢控制住。如果坯布织造厂是内部公司，更应该执行责任制模式，把内部织造的品质控制和外发加工以及对外采购的标准统一起来，实现统一的供应商管理标准和一致的评分评价体系，才能从根本上控制坯布的质量。综合得分高的坯布供应商可以纳入公司的内部采购系统，建立长期和战略合作伙伴关系，业务部的业务员可以直接对战略合作伙伴的坯布供应商进行初步询价和询问坯布交期，等订单接到后再由采购部具体进行采购比价和落实采购计划，这样可以做到快速反应，如果业务部的所有询价和询问交期都通过采购部负责人去中转的话，会造成信息的滞后和不对称。采购部采购回来的坯布交由品控质检部来负责检验，这样就会形成部门质检相互监督、相互协作的工作形式。

图 2-19 为采购部岗位职责与分工的示意图，采购部的工作内容大致分为寻样管理、日常工作、订单管理、财务管理和货物管理几大板块，工作岗位可分为采购部长、采购助理、技术分析员、统计和寻样员几个岗位，各岗位的主要任务也都用实心三角标志"▲"来体现，辅助工作用空心三角标志"△"体现。对每个岗位的工作任务还可以试行工作日志，对工作内容进行日常监督。

采购部岗位职责与分工

类别	项目分类	部长 叶**	助理 倪**	技术分析员 高**	统计 吴**	寻样员 胡**
寻样管理	日常寻样工作	▲	△			
	市场信息寻样登记表-白坯营销中心					▲
	采购部寻样信息资源汇总登记	▲	△			
日常工作	订单进度、质量、交期跟踪		▲			
	加工厂经轴跟进（何时出轴、上机、出布、质量）	△	▲			
	加工厂上机进度跟踪表		▲			
	发加工材料用量表		▲		△	
	跟进加工厂上机后取布条给技术员分析确认（核对工艺单）		▲	▲		
	发加工的坯布烧布头		▲			
	加急或小单需自提、装卸货配合白坯检验/抽检		▲			
	订购坯布进度跟踪汇报		▲			
订单管理	采购　　订购　　发加工					
	业务下单产前沟通会议（理解客户需求）	▲	△			
	生产工艺分析（产品工艺单财务存档）	▲			△	
	订单成本核算	▲				
	现货坯布采购比价（现货等级、挂码长度等）	▲				
	合同签订（交期、质量要求和付款方式）	▲				
	合同存档汇总管理	△			▲	
	订单采购成本比价分析表	▲				
	采购部订购加工进度跟踪表	△	▲			
	采购信息资源汇总表	▲			△	
	质量异常处理单汇总表	▲			△	
	质量异常处理及时率	▲				
账务管理	填写坯布入库、出库单据				▲	
	坯布进出日报表				▲	
	坯布日销售报表（每日发SDY财务，月末对账）				▲	
	供应、加工往来账核对				▲	
	应付账款明细表、汇总表				▲	
	坯布库存月报表				▲	
	配合业务询价、坯布及时报价				▲	
	填写原料入库、出库单据				▲	
	原料库存日报表				▲	
	应付账款排款申请				▲	
	订单结束成本核算				▲	
	退回剩余原料				▲	
	季度编制分析资产负债表、利润表等报表				▲	
	年度编制分析资产负债表、利润表等报表				▲	
	ERP系统白采购单录入	▲				
	月底公司抄电表与供电所核对（发票）				▲	
	平望电力所交电费	▲				
	公司历年产品明细、汇总表				▲	
货物管理	按加工厂分类发放原料	▲			△	
	原材料进出存放管理	▲			△	
	经轴管理	▲				
	坯布进出存放管理	▲				

注："▲"符号为主要负责工作　"△"符号为协助负责工作

图 2-19

三、采购部的岗位工作日志

岗位工作日志是指对日常工作的总结,特别是一些行为方面和执行方面的考核很难在系统层面体现出来,工作日志是记录任务内容及任务完成的过程,因此,对于员工来讲,工作日志的提醒作用就体现得非常明显。员工在实际操作过程中,可能会同时进行多项工作,在从事实际操作过程中,可能会因注意小的事情而忽略重要的事情,所以及时地查看工作日志,并进行标注,对企业的每一位员工都有重要作用。工作任务的布置很简单,过程监督和结果反馈就很难,过多的人事管理和绩效考核会增加人员成本和变相地降低工作效率,工作日志是一个很好的解决方案,各个岗位对自己的工作做一个每日自评和总结,表格里面是针对工作任务每天进行考评和登记,有的一天一登记,有的项目可以一周一登记,有的是半个月选择一天来登记即可,在重要的项目上加入行政审核,就可以把工作任务一件件落到实处。

下列三张图(图 2-20~ 图 2-22)示例了采购部三个主要岗位的工作日志。

采购部长的岗位职责与行政监督

类别	项目	评审	1	2	3	4	5	6	7	8	9	10	11	12	13	14	15	16	17	18	19	20	21	22	23	24	25	26	27	28	29	30	31
日常管理	订单进度跟踪监督管理	自评（分A、B、C三档）																															
		部长抽审								B	B	B	B	B																			
	白氏检验（布头/检验报告）监督管理	数量							2	1	1	3	1	1																			
		部长抽审																															
	内部客诉流程监督管理	数量							0	0	0	0	0	0																			
		部长抽审																															
	外部客诉流程监督管理	数量							1	0	0	0	0	0																			
		部长抽审																															
	每日未完成事情汇总汇报	数量							1	1	1	3	2	2																			
		部长抽审																															
	每日生产异常单汇总汇报	数量							0	0	0	0	1	0																			
		部长抽审																															
	计划任务和临时任务各监督汇报	数量							1	0	0	0	0	0																			
		部长抽审																															
	库存盘点和汇总监督管理	自评（分A、B、C三档）																															
日常审核	《订单采购进度跟踪表》日常审核	自评（分A、B、C三档）部长抽审							B	B	B	B	B	B																			
	《寻样信息登记表》日常审核	自评（分A、B、C三档）部长抽审							B	A	A	A	A	A																			
	《采购部订单档案卡》日常审核	自评（分A、B、C三档）部长抽审							B	A	A	B	A	A																			
	采购合同日常审核	自评（分A、B、C三档）部长抽审							B	B	B	B	B	B																			
	系统下单审核	数量							3	2	2	3	0	0																			
		部长抽审																															
	下单品质审核	数量							1	1	2	1	1	0																			
		部长抽审																															
	来机样审核	数量							0	2	0	1	1	0																			
		部长抽审																															
	产前白氏和成品品质审核	数量							0	2	0	1	1	1																			
		部长抽审																															
	白氏检验（布头/检验报告）监督审核	自评（分A、B、C三档）部长抽审							2	2	1	3	2	1																			
	产前白氏和成品备样存档监督审核	行政抽审							B																								
供应商管理	供应商资料汇总表监督审核	自评（分A、B、C三档）行政抽审																															
	供应商评级体系汇总表监督审核	自评（分A、B、C三档）行政抽审																															
	供应商重大违约索赔监督审核	自评（分A、B、C三档）行政抽审																															

2020年7月

图 2-20

采购助理的岗位职责与行政监督

类别	项目		评审	2018年11月																														
				1	2	3	4	5	6	7	8	9	10	11	12	13	14	15	16	17	18	19	20	21	22	23	24	25	26	27	28	29	30	31
日常管理	寻样	寻样面料存档管理	数量																															
			部长抽审（分A、B、C三档）			A	B																											
		《寻样信息登记表》日常登记	自评（分A、B、C三档）						B	B	B	B	B																				
			部长抽审						2	0	1	2	0	1																			
		头板样日常审核	数量						3	5	8	5	2																					
			部长抽审																															
		产前白坯和成品留样存档管理	自评（分A、B、C三档）						A																									
			行政抽审						A																									
		每日未完成事情汇总汇报	数量						0	1	0	0	0	0																				
			部长抽审																															
		每日生产异单汇总汇报	数量						0	0	0	0	0	0																				
			部长抽审																															
		计划任务和临时任务监督汇报	数量						0	2	0	0	0	0																				
			部长抽审																															
		《采购部订单档案卡》监督管理	自评（分A、B、C三档）				B																											
			行政抽审																															
		《订单采购进度跟踪表》日常审核	自评（分A、B、C三档）						B	B	B	3	B	B																				
			部长抽审																															
		白坯检验《布头/检验报告》监督管理	数量						2	0	4	0	2	0																				
			部长抽审																															

图 2-21

采购会计的岗位职责与行政监督

类别	项目	评审	1	2	3	4	5	6	7	8	9	10	11	12	13	14	15	16	17	18	19	20	21	22	23	24	25	26	27	28	29	30	31
日常管理	《订单采购进度跟踪表》日常审核	自评（分A、B、C三档）								A	B	B	B	B																			
		部长审核							B	B	B	B	B	B																				
	采购合同日常监督管理	自评（分A、B、C三档）																																
		部长监督审核							B	B	B	B	B	B																				
	自查检验（有头/检验报告）监督审理	数据							B	B	B	B	B	B																				
		部长审核																																
	采购收发货数据监督管理	自评（分A、B、C三档）							B	B	A	B	B	B																				
		部长审核																																
	库存盘点和汇总汇报	自评（分A、B、C三档）							B	B	B	B	B	B																				
		部长审核																																
日常审核	内部客诉进程监督审核	数据							O	O	O	O	O	O																				
		部长抽审																																
	外部客诉进程监督审核	数据							1	1	1	O	O	O																				
		部长审核																																
	财务对账审核	自评（分A、B、C三档）							B	B	B	B	B	B																				
		部长抽审																																
	发票登记审核	自评（分A、B、C三档）																																
		部长抽审							B																									
	产前白纸和成品留样存档监督审核	自评（分A、B、C三档）			A																													
		部长抽审																																
		行政抽审																																
	《采购部订单档案卡》管理审核	自评（分A、B、C三档）			B																													
		部长抽审																																
		行政抽审																																
供应商管理	供应商货料汇总表监督管理	自评（分A、B、C三档）								B																								
		部长抽审																																
	供应商评价体系汇总表监督管理	自评（分A、B、C三档）							B	B	B	B	B	B																				
		部长审核																																
	供应商大宗发布采购汇总表监督管理	自评（分A、B、C三档）								B																								
		部长审核																																

图 2-22

四、采购部的订单档案卡

采购部订单档案卡记录了订单采购的每个环节的重要信息和重要留档，需存放坯布原样、坯布采购合同、坯布的工艺单、坯布的下机样布、产品成品样布（完整门幅）、大货的成品样布（完整门幅），质量问题处理单，形成一套完整的采购档案，实物 ERP 管理方式，因为纺织行业除了生产数据和订单信息，更重要的是实物留样，这样才能保证生产的稳定性，有了完整的坯布采购和品控体系就可以做到采购部各个岗位的轮值（图 2-23）。

外页

坯布信息			
品名：	编号：	成份：	组织：
克重：	密度：	规格：	
价格：	用途：	订单要求：	
风险提示：			
分析人员：	分析时间：	审核人员：	审核时间：
加工信息			
加工单位：	总交期：	单价：	机台要求：
经向 A B		纬向 A B	
坯布规格：		基本组织：	总根数：
上机门幅：	备注：		
对接人员：	审核人员：	审核时间：	
大货产前白坯品质米样信息			
白坯出样时间	白坯出样米数	白坯布面描述	
经手人	品控人员	主管审核	审核时间：
大货产前成品品质米样信息			
成品出样时间	出样米数	出样方式	
布面描述			
经手人	品控人员	主管审核	业务员确认
备注			

品质留样					
原样□	产前白坯米样□	产前成品米样□	大货品质样□	工艺单□	加工合同□

内页
图 2-23

五、采购部的基础信息建设

采购部的基础信息建设包含公司主要产品和坯布供应商信息建设，图 2-24 以某公司大宗坯布采购和供应商信息汇总表为例，详细列出 10 万米以上的产品采购需求和计划，每个产品都有相应的三家指定供应商的报价信息，可以根据订单要求选择相应的供应商加工或者采购。针对单个产品有适产机台型号和每小时产量等信息，指定供应商也标明公司的主要擅长的生产品类、机台数量、产能和综合评级等重要信息，有了基础信息的建设就能把控住主要产品的生产采购标准，把这些基础数据都导入到智能系统中就能形成更加简便的智能化采购管理。

六、采购流程的智能化管理

采购的智能化管理涉及采购的基础信息管理和供应商管理，建立起主要产品的供应商信息，对供应商的设备、产能和生产管

大宗坯布采购指定供应商汇总

序	品名/品号	规格	数量（万米）	生产产品 机创值	生产产品 综合产值	指定供应商评价	机型	产量	生产时间
1	D001	P20D/12F 三角有光FDY*N20D/24F FDY SD	300				喷水平机190机	130米/24小时	
2	D002	P20D/24F FDY圆孔有光*N20D/24F FDY 半光	200				喷水平机190机	110米/24小时	
4	D003	P20D/24F FDY圆孔有光*N20D/24F FDY 半光	75				喷水平机190机	110米/24小时	
5	D004		40				喷水平机190机		
6	D005	N20D/24F FDY圆孔有光*N20/24圆孔有光	38				喷水双喷喷平机190机		
7	D006	SS10530A*0.3*0.4圆格*P7247	33				喷水平机190机		
8	D007	P50D/72F DTY SD 微*JAA*P50D/144F DTY SD 微*JAA	32				喷水平机190机		
9	D008		31				喷水230机		
10	D009		30				喷水		
11	D010		30						
13	D011	320春亚纺 里布	27				喷水平机190机	160米/24小时	
14	D012		27				喷水230机	200米/24小时	
16	D013	梭织网布	25						
17	D014	300T半光春亚纺	21						
18	D015	M078*75金纪仿真丝	20				喷水双喷喷平机190机	210米/24小时	
19	D016		20				喷水230机以上龙头		
20	D017		20				喷水230机		
21	D018		20						
22	D019		19				喷气190机		
23	D020		17						
24	D021	P20D/24F FDY圆孔有光*N20D/24F FDY 半光	17				喷水190机		
25	D022		17						
27	D023		17						
28	D024		15				喷气/电水六速喷织机		
29	D025	SF10264*低之纺丝人棉梭纺	15						
30	D026	W13002*75D呢弹力布*P3030	15				喷水平机190机		
31	D027	W17177*500D高弹/2/2八人字纹	13				喷水230机	210米/24小时	
32	D028		13						
33	D029	N20D/24F FDY 有光*P20D/24F FDY SD +P40D/24F FDY SD	13.4				喷水双喷喷平机190机		
34	D030	272迷幻彩70D*210D，2/2神纱	12				喷水双喷喷平机190机		
35	D031		12.7				喷水大龙头190机,喷瓶凹轮		
36	D032	Y513*150D花弹	11						
37	D033	400T连接夹P20D/24F*P20D/48F	10				喷水230机		
38	D034		10				喷水平机190机		
40	D036		10				喷气		
41	D037		10						
	D038		10				喷水小龙头190机		
	D039		10				喷水双喷喷平机190机		
	D040		10				喷水190机		

图 2-24

理体系做详细的建档,当业务部提出订单需求后,由系统自动推送合适的供应商,如果有内部织造车间,则把内部生产车间也当成一个供应商来管理,但是可以由智能系统数据接入,询价的过程以协同的形式发送,需求方新建了询价申请后,任务的认领方可通过电脑或移动端添加询价结果。这类结果记录之后,在产品信息、供应商信息的报价历史中均可查询。考虑到实际的询价采样方式,询价的环节允许新建询价单后导出打印,生成纸质单据便于线下信息的采集。采购模块的智能化管理设计成独立的闭环,采购部根据实际需求进行统筹采购,因此采购订单与业务订单并不一定是一对一的关系,有可能对多个业务订单的需求进行合并采购。由此,采购模块将以独立的逻辑闭环完成操作,并根据最终的送货方向,将数据链接至品控或仓库等下一环节。

图 2-25 为采购工作台,采购工作台集成了采购部门最主要的工作流程,也是相关订单采购的数据实时汇总中心。

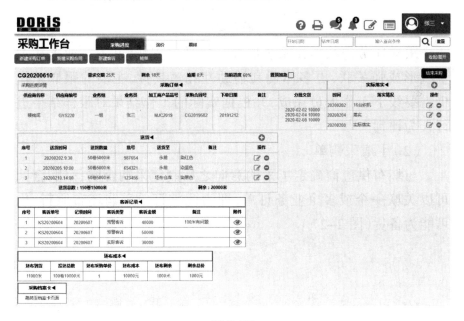

图 2-25

（1）跟样

跟样是指采购部的人员对供应商每个批次的坯布质量做简单的染厂与染色来初步判断坯布布面情况的过程,跟样操作基本上由染厂的跟单员来执行,由于在实操中,染色跟样是随着不同的大货生产而生产的,生产工艺和数据就无需记录,只要按时间反馈并把品质样交接回采购部并由业务部和品控部确认即可,通过评估结果的共享来实现快速反馈(图 2-26)。

跟样跟踪

序号	供应商	机台号	染厂	颜色/色号	回样时间	采购确认	业务确认	备注
1	爱国织造	65#	永前	红色001	2020-03-04	√ ▼	√ ▼	
2	爱国织造	96#	永前	蓝色003	2020-03-04	√ ▼	√ ▼	
3	爱国织造	128#	永前	红色001	2020-03-04	× ▼	▼	坯布瑕疵
4	爱国织造	145#	永前	红色001	2020-03-04	√ ▼	× ▼	染色瑕疵

保存　　编辑　　结束跟样　　关闭

图 2-26

跟样环节的数据在系统层面自成独立支线,并不与业务相关主线形成强关联,更多体现其辅助性和工具性,主要的跟样工作仍需要线下工作人员完成,并根据实际的工作结果对跟样结果进行人为评判。

（2）生成采购单

与坯布供应商确定了采购意向之后制定采购合同,采购合同可以关联一个或多个业务订单,即为此类订单采购坯布原料,也可能为备货(图 2-27)。

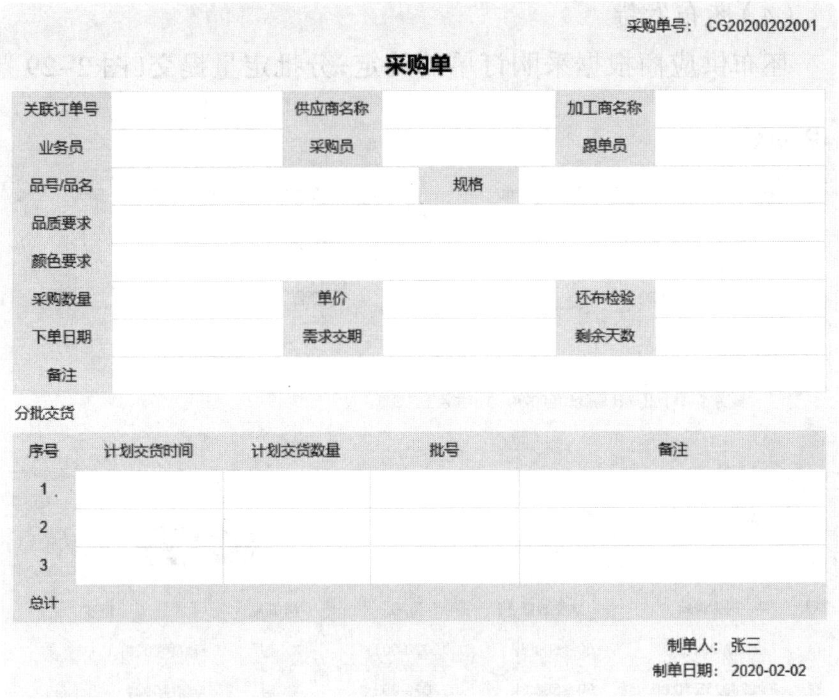

采购单号：CG20200202001

采购单

关联订单号		供应商名称		加工商名称	
业务员		采购员		跟单员	
品号/品名			规格		
品质要求					
颜色要求					
采购数量		单价		坯布检验	
下单日期		需求交期		剩余天数	
备注					

分批交货

序号	计划交货时间	计划交货数量	批号	备注
1				
2				
3				
总计				

制单人：张三
制单日期：2020-02-02

图 2-27

（3）实际落布

生产过程中，为了把控生产进度，采购部会定期或不定期前往供应商生产车间查看实际生产落实情况，并根据实际情况进行采样、跟样等。本版块作为备忘记录，对供应商进行监督（图 2-28）。

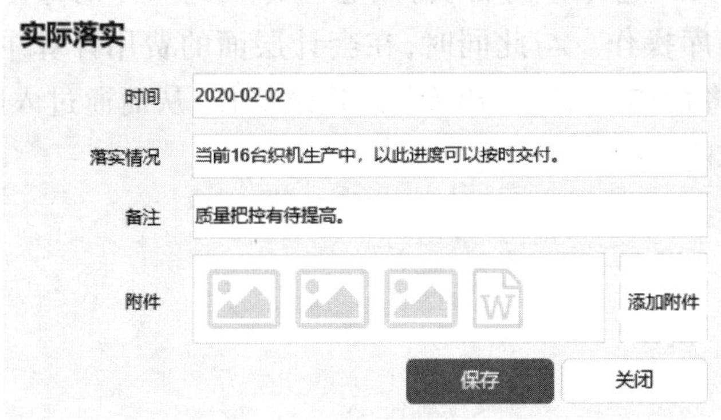

图 2-28

（4）坯布发货

坯布供应商根据采购订单的约定，分批定量提交（图2-29）。

坯布送货

送货时间	2020-02-02, 10:00
送货至	选择订单
订单号	D2020-001
其他送货地点	
备注	本批坯布计划染蓝色002#，注意该色工艺风险。
码单	

送货数量　50　卷　5000　米

选择仓库

加工厂　XX染厂

添加附件

保存　关闭

序号	送货时间	送货数量	批号	送货至	备注
1	20200202.9:30	50卷5000米	2020-001	XX染厂	染红色002#
2	20200205.10:00	50卷5000米	2020-002	XX染厂	染蓝色008#
3	20200210.14:00	50卷5000米	2020-003	坯布仓库	备货，准备下一订单
总计		150卷15000米			
剩余		7000米			

图 2-29

采购的环节由此结束。而坯布发货的数据将成为下一个环节的起始数据。若坯布发货发往染厂，则将开始订单的品控跟单环节；若发回仓库作为备货，则仓库将收到入库的命令，将对货品进行入库操作。与此同时，在会计层面的费用计算中，坯布发往染厂，将视作"入库－出库"的连续操作，从而通过入库触发应付（图2-30）。

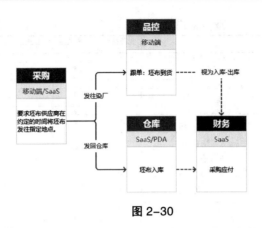

图 2-30

第四节　业务部的流程体系

一、业务部的岗位职责与分工

　　业务部是接单部门,公司其他部门都围绕业务部展开生产活动,小型的贸易生产公司,业务部的人员都是身兼多职,从前期的产品研发、产品推广到订单的生产服务和售后服务都是由业务部的业务员来主导完成,这种模式能做到快速反应,遇到问题也能最直接地解决。但是从公司发展的层面来看,业务员的职责就是推产品、接订单和服务客户,如果把时间和经历过多地消耗在内部订单生产上,服务好几家客户是没问题的,但是想把业务规模做大做强就很难了,公司其他部门的发展也会受到影响,就会形成业务部的业务员各自为政,公司很难形成有效管理,也不能形成生产标准,所以公司要全面健康地发展要建立健全的组织架构,平衡各个部门的发展,形成一个平台,建立自己的管理标准和生产标准,首先业务部的岗位职责和分工要清晰明了,围绕核心业务员成立业务小组,每个业务小组再匹配业务员、业务助理和理单,缩小核算单位,打造成一个个分区域或分类型业务服务小组,公司再对每个业务小组进行统一的、规范的管理,共享公司的内部生产配套资源。图 2-31 是业务部岗位职责与分工的示意图。

业务部岗位职责与分工

类别		项目	业务经理 蔡**	业务助理 黄**	理单 ***	实习 ***
信息管理		客户产品编号归类整理汇总表	△	▲		
		客户资料整理汇总表	△	▲		
		客户拜访计汇总表	△	▲		
		客户资料登记汇总表	△	▲		
		客户拜访反馈汇总表	△	▲		
		报关明细汇总表	△	▲		
		客户发票登记汇总表	△	▲		
日常管理		来样研发面料管理	△	▲		
		订单跟踪进程表实时登记	△	▲		
		订单跟踪过程卡实时监督管理	▲	△		
		订单留样存档监督管理	▲	△		
		发票跟踪	▲	△		
		邮件订单信息审核	▲	△		
		研发和试验样品登记存储	▲	△		
		办公室物品整理	▲	△		
		办公室卫生监督管理	▲	△		
		库存的盘点及管理	▲	△		
订单管理	研发	来样开发、自主开发、客户定向开发	▲			
		研发信息汇总	△	▲		
		存档汇总管理	△	▲		
	寻样	来样、分析、寻样		▲	△	
		寻样信息汇总		▲	△	
		存档汇总管理		▲	△	
	剪样	日常样品室剪样				▲
		日常仓库剪样		△		▲
		协助色卡吊卡制作		△		▲
	快件	日常快件收发		△		▲
		快件地址汇总管理		△		▲
	打色	日常打色安排		▲	△	
		客户打色留样档案管理		▲	△	
		各类打色信息汇总管理		▲	△	
	下单	订单合同审核	▲			
		坯布交期、生产交期沟通核实	▲			
		ERP下单录入		▲	△	
	追单	日常订单汇总跟踪		▲	△	
		订单档案整理		▲	△	
	外检	外发加工质量检验跟踪		▲	△	
		外发加工厂单据整理		▲	△	
		外发加工厂信息回馈		▲	△	
	内检	质检部检验标准跟踪			△	
		转加工前质量、工艺、单据、数量核实		▲	△	
		质检信息反馈		▲	△	
	报关	订舱、进仓、报关资料		▲	△	
		货代、提单		▲	△	
		结汇、退税		▲	△	
	出货	公司仓库出货质量标准、数量核实		▲	△	
		外发加工厂出货质量标、数量准核实		▲	△	
		客户信息、客户要求核实		▲	△	
		客户确认收货，并核实实物票据		▲	△	
	留档	订单船样留档		▲	△	
		订单缸样、批条样留档		▲	△	
		各类订单留档汇总管理		▲	△	
	退货	加工厂质量问题回修	▲	△		
		染色质量问题回修	▲	△		
		供应商坯布质量问题退货	▲	△		
		客户质量问题退货	▲	△		
	库存	库存和订单损耗信息登记		△		
		坯布质量问题处理	▲	△		
		加工厂质量问题处理	▲	△		
		染厂质量问题处理	▲	△		
	收款	客户实时对账、催款、落实回款期限		▲	△	
		申请发票、邮寄发票		▲	△	
	售后	库存和订单损耗信息登记	▲	▲	△	
		坯布采购质量问题处理	▲	▲	△	
		加工厂生产质量问题处理	▲	▲	△	
		染厂生产质量问题处理	▲	▲	△	
		客户订单质量问题处理	▲	▲	△	
客户管理	拓展	日常客户拜访	▲	△		
		客户样品准备工作	▲	△		
		客户信息登记回馈	▲	△		
	接待	日常客户接待	▲	△		
		客户需求信息登记	▲	△		
	维护	客户研发周期推样服务	▲	△		

注："▲"符号为主要负责工作 "△"符号为协助负责工作

图 2-31

二、业务部的订单执行流程

图 2-32 详细说明了订单接单的执行流程,从寻样阶段、打样阶段、下单阶段、生产阶段、检验检测阶段、发货对账阶段、出货出口阶段到售后服务阶段详细对每个阶段要具体操作的行为和细节做了表格化说明,需要对接哪几个部门,对接哪个人都可以进一步说明,这是图表式的岗位说明书,业务部的相关人员只要都按照此执行流程说明去完成任务,就可以快速达成统一的接单标准,减少培养新员工的时间,也可以作为制度管理和绩效考核的依据,表格中红色文字部分是在各阶段操作过程中要重点注意的事项。

三、业务部的岗位工作日志

业务部岗位工作日志指的是根据业务的日常工作范畴,每天记录工作的内容和完成情况,是对一天工作的总结,也是对任务完成情况的梳理,业务人员的机动性很强,外出办事的时间也多,但是在日常订单的生产过程中,生产的过程是繁杂的,各种各样突发的事情也很多,时间的碎片化往往让很多工作者结束一天工作的时候,却想不起来今天到底完成了哪些工作,哪些工作任务未完成。在以创业者为管理核心的中小企业,这种管理方式非常重要,因为管理者是任务的发起者,但是过程是没法监督的,结果也是没法一对一进行判定的,晨会没法天天开,下班前也没办法盘点每个人的工作任务完成情况,所以员工的效率及工作的及时性就非常难进行控制,因此企业的管理者就应该让员工每天下班后按规范填写工作日志,把工作日志看成是任务跟踪的重要工具。根据工作日志所记录的内容,对相关员工的重要事件进行跟踪记录,把风险降低到最低限度。

图 2-33 是业务部副部长的工作日志,业务部长要管理的事情很多,事情又有轻重缓急,在关注订单生产和处理客户问题的

同时也要管理部门内部的事情就显得顾此失彼，所以把日常对内部的管理工作任务指标化，以结果为导向，通过助理去每日核实业务员工作任务的完成情况，在相互监督的同时也在相互提醒，共同完成工作任务。

四、业务部的订单档案卡

业务部的订单档案卡详细记录了订单从接单到出货完成的总流程，每个环节都要做留档和记录。

（1）从客户的打样打色开始记录，留存原始样品。

（2）生产备案表、下单合同、品质要求。

（3）生产指令单。

（4）坯布品质样。

（5）染厂头缸检验检测表，头缸品质样。

（6）后整理各道工艺的检验检测报告和品质样。

（7）出货合格证。

（8）客诉处理单。

（9）成本核算和库存处理。

生产型企业需要每个环节都要有实物留档，而且要有统一的留档方式，作为企业的资料库，查询起来就非常方便，因为行业的特殊性，纯粹的生产数据留存没有特别大的意义，实物存档也是一个企业规范化管理的重要标志之一，从纺织品加工到成衣销售是一个很漫长的过程，很多环节都可能造成质量问题，对每个环节的把控是追溯质量问题的根本（图2-34）。

业务订单执行流程

序	管理流程	序	进程明细	要求与说明	相关部门/岗位
一	寻样阶段	1	原样分析	先从品质里面基本判断，再找业务部资询询客户咨询	采购部/采购部
		2	寻样报价	向客户提报价格	采购部/业务部长，寻样客户
		3		确认报价和价格	采购员/供应商
		4		做好报价前准备工作	采购员/业务员
二	打样阶段	1	确认打样	根据品质要求安排打色	生产部/跟单
		2	登记「打样打色登记表」	提供品质样、找大货同样品质	生产部/跟单
		3	向客户提供色样和品质	打样前确认的颜色和品质样	生产部/跟单
		4	再次向客户确认品质	和客户确认色年要求时间	生产部/跟单
		5	确认客户满意度和品质	防止后期出现品质问题	生产部/跟单
		6		核算报价和利润	业务员
三	下单阶段	1	协商付款方式（是否需要定金）	商定付款方式打确认期限，老客户超额度也要审批	业务部/采购部长，寻样客户
		2	色布确认打色或染色	选择客户确认的颜色进行复色的品质样	业务助理/业务员
		3	坯布确认情况及交期	和采购确认坯布的品质，供应进度和最终交期	业务助理/业务员
		4	填写「订单业务备案」	客户合同要求，品质年要求，门幅，色年度，克重等书面整理出来	业务助理/业务员
		5	客户确认价格和品质样	和客户落实订单的价格、要求、付款方式及期等完整信息	业务助理/业务员
		6	系统下单	零布客户确认签订生产	业务助理/业务员
		7	审核登录「订单档案卡」	提供客户确认的品质样	业务助理/业务员
		8	跟踪布布	跟进出库的成品品质及打色样	业务助理/业务员
		9		仓库加工库单发货后整理确认发货	业务助理/业务员/物流
		10	建立「订单档案卡」	把品质样、合同和相关信息一起整理归入「订单档案卡」	业务助理/业务员
四	生产阶段	1	提供品质样本打样	根据客户要求布置实好的品质样，特殊注意要求说明给生产部	生产部员/跟单
		2	头缸样/船样打色或染色确认	注意船样打色差开年说明期，及时跟进大要求和交货方式，每日跟进订单进度	生产部员/跟单
		3	填写染色情况说明	和采购确认色布的颜色、门幅进度及相关的客户要求	采购部/副部长/采购部
		4	国际船样（以客户封样为准，网上预约）	头缸样打色和国际样年要求完成色样书一起发主，出现大货年不完一致可以使用	生产部员/跟单
		5	准备船样开封	实物要确认手写和要求的进程	财务部/业务部
		6	零布检验	一单一检零布可以通知生产部产大货	质检科/加工厂
		7	零布确认签订生产	大货每日检查可以及时反行说明并与客户核对	质检科/仓储部
		8	跟进布布	提供客户确认及时期封色要求，并建立「订单检测情况表」	仓储部
		9	仓库加工确认单（开出库检验确认和仓库）	需要后整次确期后期用用，减少库存	质检科/仓储部
		10	仓库照加工库单发货后整理确认发货	「染」「转染」「生产」备确期填写与最成「订单档案卡」，卡的中间可以贴塑料袋子	业务员/业务员
五	验货检测	1	提供产品发布检测标准	根据每一钢的染色要求，出现颜色样问题马上和务部长，生产部和客户内沟通	生产部/生产部
		2	核实零布染品质或成品要求补发	要求客户勾选大货生数量，核实颜色年要求和运发方法，当大或第二天要回客户及客户签字	业务员/业务员/客户
		3	质量客户	自己联系统一仓库供应代理的公司	业务员/业务员/货代
		4	头缸样确认及交期	外面确认数量和生产日期的组代公司	业务员/业务员/货代
		5	对账跟踪	根据实物发货和账户信息核对	业务员/业务员/货代
		6	内部检测	核算出门头品质样、月结等多月低相内容核对	业务员/业务员/货代
六	发货对账	1	核实账单是否需要补发	及时把客户确认账单收回保持	业务员/业务员/货代
		2	后整理检验确认成品或要补发	提供的账款实好打色，及时反行说明	业务员/业务员/货代
		3	物流跟踪	需求原料寄出（同时提供发检确的数方式，非色保函，报关委托书原件）	业务员/业务员/货代
		4	对账开票	空运需确核发货，并与海关系年要求的运货方法，避免年用损提单	业务员/业务员/货代
		5	回款备注	按进出口日期安排进仓	业务员/业务员/货代
		6	外部销售	核算好账后的人员及发货数账金额等	业务员/业务员/货代
		7	后整理零布销售对账账单	报送实好打色确认书给客户	业务员/业务员/货代
七	出口流程	1	提供CI+Packing List给客户	提供商大致数量，并把客户发回给我们的船务—根据发票和提单财务办理退税	业务员/业务员/财务部
		2	客户付款（提供水单）	要求客户勾选大致数量	业务员/业务员/客户
		3	按进出口要求安排进仓	自己联系统一仓库供应代理的公司	业务员/业务员/供应商
		4	根据进仓供应单草稿	确认收货	业务员/业务员/供应商
		5	根据packing list申请订船单	催提供物流进提单草稿	业务员/业务员/货代
		6	我司确认进出单	核算单据和要求计算好的发货数	业务员/业务员/货代
		7	海运报关	提单草料要素，装箱唛头	业务员/业务员/货代
		8	空运报关	报关单、提单（同时提供安检货号的都发检确的账号）	业务员/业务员/货代
		9	海运提单	空运提供原件寄出（同时提供安检货号）非色保函，报关委托书原件	业务员/业务员/货代
		10	货代提供正式提单确认	核实需要的产出（同时提供安检货号）	业务员/业务员/货代
		11	货代确认交货	核算好账款	业务员/业务员/货代
		12	委托货代方货代报关	报送实好打色确认书	业务员/业务员/货代
		13	货代提供货代资料	提单、报关单、装箱唛头	业务员/业务员/货代
		14	后整理零布销售对账账单	人民币付款，美金出口和人民币出口结合—根据发票和提单财务办理退税	业务员/业务员/财务部
八	进口流程	1	我进口口要做Packing List和Commercial Invoice	签订采购合同	业务员/采购部
		2	签订合同	委托物流费用货代	业务员/货代
		3	预付款（如需要）	找我司要提单	业务员/货代
		4	货物进口	提单、发票、箱单	业务员/货代
		5	找我司要提单	提单、发票、箱单、电放或色函	业务员/货代
		6	委托我司报关	提单、发票、箱单、手写报关书	业务员/货代
		7	委托我方货代换单	委托货代方货代报关	业务员/货代
		8	货代方货代报关	委托货代方货代交货	业务员/货代
		9	货代提供货代资料	提单、发票、合同、报关委托书	业务员/货代
		10	委托货代方货代交货	委托货代方货代交接	业务员/货代
		11	货物到港	提供报关客户提单单收取费用—一单一结	业务员/货代
九	售后流程	1	「订单档案卡」完善和ERP核对	核对归入整理客户处后续处理—一单一结	业务员/业务员
		2	客户回访	染与库存、后整客户和整理修后理账	业务员/业务员/货代
		3	库存管理	后整理、库存和后续处理账	生产部/仓储部/货代
		4	款存处理	内部服务样和库存对照年出好账年后色号，及时催促客户回款	业务员/仓储部/货代
		5	提供「资料核对卡」（外包公司）	发票、报关单、提单（空运）下用、提单货走	业务员/副部长/运营部
十	原产地证	1	提供「资料核对卡」（外包公司）	联系人：****	
		2	核对发票和箱单	联系方式：******	
		3	快件寄出提供原件		
		4	提交原产地证		
		5	（外包公司）开票我司付款		

图 2-32

国际事业部副部长的岗位职责与行政监督

类别	项目	评审	2021年3月 1 2 3 4 5 6 7 8 9 10 11 12 13 14 15 16 17 18 19 20 21 22 23 24 25 26 27 28 29 30 31
日常管理	办公室卫生整理	自评（分A、B、C三档）/ 部长抽审	
	办公室物品整理	自评（分A、B、C三档）/ 部长抽审	
	每日工作晨会	部长抽审	
	调样	数量 / 部长抽审	
	每日未完成事情汇总汇报	数量 / 部长抽审	
	每日异常事汇总汇报	数量 / 部长抽审	
	计划任务和临时任务监督汇报	部长抽审	
	来样研发面科存放管理	自评（分A、B、C三档）/ 部长抽审	
	《业务订单跟踪档案卡》监督管理	自评（分A、B、C三档）/ 行政抽审 / 部长抽审	
	缸样、测试样和匹来样存档管理	自评（分A、B、C三档）/ 部长抽审	
	库存盘点和汇总汇报	自评（分A、B、C三档）/ 部长抽审	
日常审核	大货出货《匹条样/检验报告》审核	自评（分A、B、C三档）/ 部长抽审	
	《订单跟踪表》日常审核	自评（分A、B、C三档）/ 部长抽审	
	《打样跟踪表》日常审核	自评（分A、B、C三档）/ 部长抽审	
	《打色跟进表》日常审核	自评（分A、B、C三档）/ 部长抽审	
	船样审核	数量 / 部长抽审	
	头缸审核	数量 / 部长抽审	
	财务对账审核	数量 / 部长抽审	
	快件登记回馈审核	自评（分A、B、C三档）/ 部长抽审	
	发票登记审核	自评（分A、B、C三档）/ 部长抽审	
	订单出口汇总表格更新	自评（分A、B、C三档）/ 部长抽审	
	《PRG表格》审核	自评（分A、B、C三档）/ 部长抽审	
	《SPL表格》审核	自评（分A、B、C三档）/ 部长抽审	
客户管理	客户拜访	次数 / 部长抽审	
	客户资料整理汇总表	自评（分A、B、C三档）/ 部长抽审	
	客户拜访反馈表（概念版本）	自评（分A、B、C三档）/ 部长抽审	

图 2-33

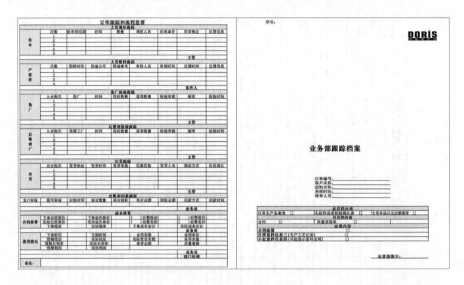

外页

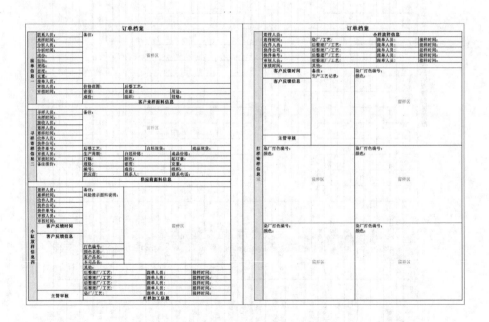

内页

图 2-34

五、业务部的智能化管理

公司整个业务流程覆盖了从研发接单到生产销售的全过程,业务部流程的智能管理是各部门的基础,要实现智能化管理就需要梳理出业务部流程当中所有管理的部门和关联的岗位所要履行的职责,图 2-35 是业务总流程与智能管理图。

(1)基础信息建设

要实现智能化管理的前提是要做好公司的基础信息建设,基础信息包括:产品信息、客户信息、坯布供应商信息、染厂信息、后整理厂信息等。基础信息作为业务行为的数据支撑,需要在系统实施的初期,根据当时已有的资料完整程度进行录入。基础信息的维护将持续系统的整个应用过程,在业务的运转和积累的过程中不断对基础信息进行丰富和补充,从而形成有价值的数据体系,一方面使工作的过程更加智能,也能够形成标准化的数据管理,成为企业决策的参考。基础信息的维护工作,一方面需要在初始阶段以任务的形式由专人完成,另一方面在业务流转的过程中,由系统在各个部门录入的信息中抽取,并配以兼职或专职的维护。在系统运行的后面阶段,信息就不再需要专门的录入者了,每个任务终端都是信息录入人员和维护人员,既可以做到数据实时又可以节省中间环节和人力成本。

图 2-36 是客户信息的关联界面,客户信息是每位业务员的区隔信息,只有自己及助理才有权限编辑和 / 或阅读。

除了基础的客户信息外,系统中还对产品调样记录、订单记录和报价历史等常规内容做了相关标注,以便详细了解企业的各方面细节信息,每个服装品牌都有很多个指定发加工的服装加工厂,有些加工厂也承接了很多品牌的订单加工。所以在客户的信息做了完整录入之后,在日常的出货管理当中,系统可以通过"客户关系统计"来生成客户间的关系图表,整理出客户间的关联(图2-37)。

| *客户名称 | | 客户编号 | |

| 客户类型 | ☐品牌 | ☐贸易公司 | ☐代理商 | ☐服装厂 | ☐二批 | ☐其他 |

| 营销品牌 | | 母公司 | |
| 指定服装厂 | | 代工品牌 | |

客户来源	展会 ▼	客户评级	★★★★★ ▼
业务员		业务组	
地址			

付款方式		回款周期	
信用额度		实时欠款	
账龄（3个月）		账龄（6个月）	

| 企业概况 | |

图 2-36

客户名称	客户类型	营销品牌	母公司	指定服装厂	代工品牌
XX品牌	品牌	XX品牌 XX品牌 XX品牌	XX商贸公司	XX服装厂 XX服装厂	
XX贸易公司	贸易公司	XX品牌		XX服装厂	
XX服装厂	服装厂				
XX商贸公司	代理商	XX品牌			

营销品牌	
母公司	
指定服装厂	
代工品牌	XX品牌 XX品牌

图 2-37

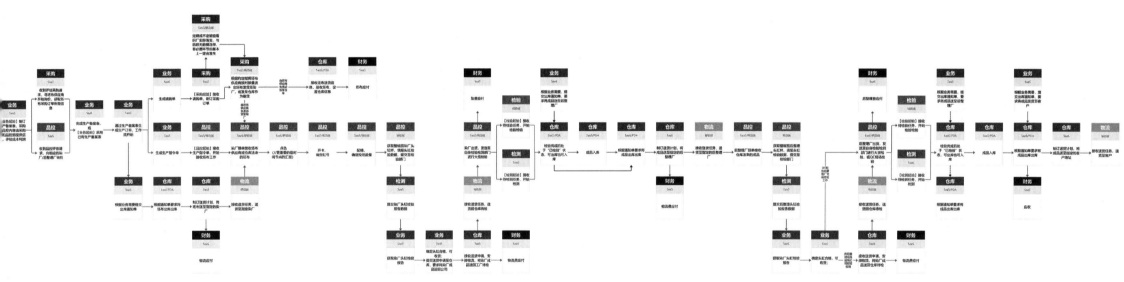

图 2-35

此外供应商的录入需要经过产品的评估和流程审批,方可纳入企业的供应商名录,以此保证供应商产品质量的稳定(图2-38)。

提交供应商信息　　各级审核　　纳入供应商名录

图2-38

供应商的产品报价、交易记录、客诉历史等信息在页面中归纳显示,便于集中获取该供应商的所有相关信息。染厂和后整理厂信息录入同样需要经过评估和审核,纳入服务供应商名录,包含与之相关的各种服务和交易信息。在染厂和后整理厂的信息中会关联并分配该厂的跟单负责人,在订单生产过程中选择了该厂,则相关工作均由相应的跟单负责人来实施。

其他供应商提供包括耗材、物流等生产服务,在集中化管理的系统中,物流供应商的相关工作可通过"送货管理"板块进行分配,每个基础信息板块都有相应地交叉与联动,在相关的板块做详细的说明。

(2)理单工作台

由于业务是企业整体运作的指挥中枢,故其需要与所有部门的工作进行对接,当业务部门下达任务需求时,各部门需要实时反馈和配合执行,为了做到信息和沟通的实时性,并在第一时间获取各项工作的最新动态。根据这一工作性质,系统建设了"理单工作台"作为业务人员的工作中心,设置主要工作的入口,并将工作过程中获取的数据实时同步至该页面,同时显示了重要参数的实时统计结果,为工作决策做出数据参考。理单工作台将充分利用屏幕空间,根据订单的流动顺序展示订单的进度和相关数据,通过进度条化的显示方式,直观地展示项目当前的进度,从而掌握第一手信息。理单工作台本质上是信息的整合,通过一个页面,直观地看到订单的实时生产过程,也可以宏观地看到当前所有运行中的订单的整体状况，从而成为生产统筹的重要信息参考。

图 2-39 为理单工作台的参考界面。

图 2-39

（3）打色 / 打样

打色 / 打样是售前、研发、检测和风险评估等环节的生产流程，所以在系统中，该环节着重记录关键内容作为信息留存和备忘，作为日后大货、生产和销售的依据。

打色：

打色信息 ▶ 后整理（可选） ▶ 回样/寄出 ▶ 客户反馈 ▶ 完成情况

打样：

打样信息 ▶ 回样/寄出 ▶ 客户反馈 ▶ 完成情况

在总体方向确定的前提下，打色 / 打样的生产流程均以传统的线下形式进行沟通和安排，系统中将打色 / 打样关键信息确定完毕后，不在系统层面对生产细节进行规定和限制。由于回样 / 寄出及客户反馈有反复，此步骤也以自由记录的形式允许多次反复添加，直至该打色 / 打样环节结束。生产过程中，品控（跟单）的移动端将会同步获取打色 / 打样任务的要求和反馈信息，与此同时,为记录产品的生产过程,完善产品的固有工艺参数,在电脑端和移动端均有入口,随时对产品的生产工艺进行添加,这将作为系统"基础信息"中"产品详情"的生产工艺参数,为日后的生产和翻单提供重要参考(图 2-40)。

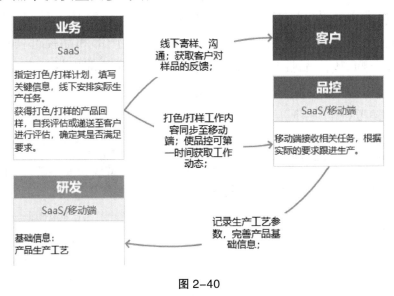

图 2-40

（4）调样报价

报价属于售前环节中客户对产品的评估,由于报价过程需要经过多次沟通,所以设计为开放式流程,手动选择下一步动作及结束时间。

客户对报价单的产品进一步了解之后,业务部可通过系统,选取客户所需获取样品,生成调样单,推送至样品管理员,样品管理员收到任务后选择相应的产品寄出,并通过电脑或移动端反馈实际寄送的结果(图 2-41)。

在报价进行的过程中,所有的动作都将以时间轴的形式罗列,便于追溯所有的报价行为历史(图 2-42)。

（5）生产备案表

生产备案表是客户在询单询价的时候内部留存的档案,是对一个订单的生产前评估，通过备案表，整合订单的所有采购、生产流程，对各个环节进行预判，并估算该订单的生产成本及利润，从而成为业务对该订单的报价、生产和风险评估等方面的重要参考。生产备案表的设计充分利用系统的数据整合和多部门的协同，由业务部发起，首先根据订单需求，对产品的基本信息、生产工艺、生产指标等提出要求，后由采购部、生产部和品控部协同对坯布采购、生产品控提出方案和报价，最后业务部根据所获信息，估算出订单的毛利率和生产周期，从而为正式确立生产订单做出重要参考（图 2-43）。

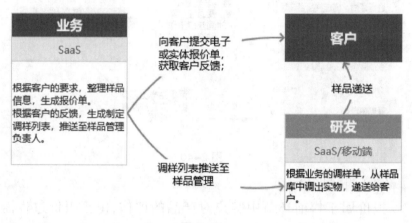

图 2-41

图 2-42

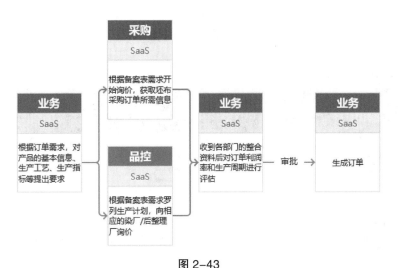

图 2-43

图 2-44 为订单备案表的呈现图。

订单备案表主要内容包括订单的具体需求、生产工艺和生产指标要求。在选择各类产品、客户、供应商等信息的时候，系统将从基础信息中自动获取该内容的详情。填写完毕后，系统将会把该内容推送至采购和品控，以进一步完善信息。采购收到订单生产的相关信息后，将对坯布采购的成本和周期等做出评估。在供应商的选择过程中，可通过选择多个供应商来进行比较，系统将调取该供应商的历史报价信息和该产品所获得的历史报价信息，作为采购报价的参考。品控部的填写内容类似，将通过多家染厂、后整理厂的报价的比较，来评估本订单的生产成本。获取了采购和品控的相关信息后，就可以开始订单的整体评估了。系统将根据以上内容，自动计算各个颜色的成本总价，并根据公式计算出毛利率等各个参考数值。计算的结果实时显示，业务可以通过数值的微调评估合适的报价，这一功能除了在本页面显示之外，还单独在移动端作为一个小工具，方便随时对订单的报价进行评估（图 2-45）。

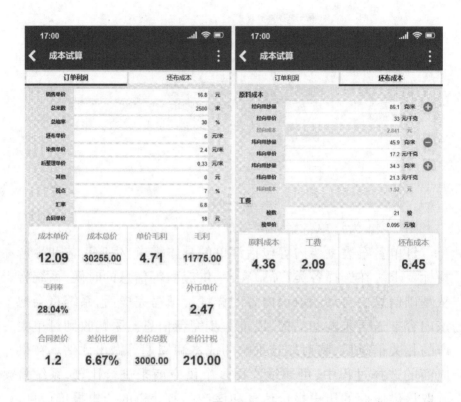

图 2-45

订单生产备案表

No. 201900001

填写日期：2019 年 7 月 3 日

客户名称	客户名称				信用额度	¥200,000
开票抬头	客户名称客户名称客户名称客户名称				实时欠款	¥130,000
生产工艺	染色+压光+水洗预缩+防水				账龄≤3个月 ¥20,000	账龄3~6个月 ¥10,0000；账龄>6个月 ¥20,000
品名/编号	J3819WRT-16	订单号				
成分规格	成份规格的具体数据	成品克重	154	g/m²	客诉提示	客诉提示客诉提示客诉提示客诉提示客诉提示客诉提示客诉提示客诉提示客诉提示客诉提示客诉提示客诉提示客诉提示客诉提示… 更多
		成品门幅	148	cm		
总米数	13,000	总缩率	50%		风险提示	风险提示风险提示风险提示风险提示风险提示风险提示风险提示风险提示
手感要求	手感要求的具体内容					

序号	颜色	米数	序号	颜色	米数	序号	颜色	米数
1	17-1322TCX 深咖	1,000	6	17-1129TCX 芥末黄	1,000	11	17-1322TCX 深咖	1,000
2	17-1129TCX 芥末黄	1,000	7	17-1322TCX 深咖	1,000	12	17-1129TCX 芥末黄	1,000
3	17-1322TCX 深咖	1,000	8	17-1129TCX 芥末黄	1,000	13	17-1322TCX 深咖	1,000
4	17-1129TCX 芥末黄	1,000	9	17-1322TCX 深咖	1,000			
5	17-1322TCX 深咖	1,000	10	17-1129TCX 芥末黄	1,000			

环保指标	甲A	测试标准	国标,欧标,美标,日标,CAN,ISO	对色光源	D65,965,TL84,自然光,CWF,UV
总交期		检验要求	全检		

生产工艺要求

染色	染色具体工艺	防水	防水具体工艺	静电	静电具体工艺	抗黄变	抗黄变具体工艺
水洗/预缩	水洗/预缩具体工艺	压光/扎花	压光/扎花具体工艺	贴膜	贴膜具体工艺	涂层/涂白	涂层/涂白具体工艺
离心纸	离心纸具体工艺	印花	印花具体工艺	复合	复合具体工艺	烫金/膜	烫金/膜具体工艺
面料用途	用途说明用途说明	有无拼色	拼色说明拼色说明	注意事项	注意事项注意事项注意事项注意事项注意事项		

生产指标要求

检测项目	指标要求	检测项目	指标要求	检测项目	指标要求
颜色审核	OK	门幅测量	146~150 cm	克重审核	150~158 g/m²
边中差审核	OK	头尾差审核	OK	纬弧纬斜	≤3公分
成分测量	OK	耐摩擦牢度	干磨：3　湿磨：2	耐洗沾色牢度	沾色：3　变色：2
耐光照牢度	3	耐汗渍牢度	沾色：3　变色：2	耐唾液牢度（童装必填）	沾色：3　变色：2
耐水牢度	3	撕裂牢度级数	15 N	防绒根数	15 P
防水级数	1	缩水率数值	≤2%	洗后外观	OK
复合粘合牢度	1.5 cm	水压/透气透湿	15 mmh2o	拼接互染	5
PH值数值	＞7.5	接缝滑移数值	0.15 cm	耐酚黄变	5
空透	15 mm/s	剥离强力	15 N	起毛起球	3
熨烫升华	3	甲醛含量	50 mg/m³		
匹条样接收	需要		全检	否，抽检比例20%	
船样合格证匹配	是				

成品生产价格及生产周期

生产工艺项目/生产费用	价格（元）	生产周期（天）	检验项：检验比例	检验类型	检验天数	检测项：检测比例	检测类型	检测天数	备注
染色具体工艺		20	20%	内检	2	20%	内测	2	
防水具体工艺		0.5	5%	外检	1	不检	-	-	
静电具体工艺		0.5	不检	-	-	不检	-	-	
抗黄变具体工艺		0	5%	外检	1	5%	内测	1	
水洗/预缩具体工艺		0.5	不检	-	-	不检	-	-	
压光/扎花具体工艺		0.5	5%	外检	1	不检	-	-	
贴膜具体工艺		0.5	20%	外检	2	20%	委外	3	
涂层/涂白具体工艺		1	不检	-	-	不检	-	-	
离心纸具体工艺		0.5	5%	外检	1	不检	-	-	
印花具体工艺		0.5	5%	内检		不检	-	-	
复合具体工艺		0.5	全检	外检	3	全检	内测	3	
烫金/膜具体工艺		2	全检	外检	3	全检	委外	3	
超成本加价		-	-	-	-	-	-	-	
小缸费		-	-	-	-	-	-	-	
合计		27	-	-	14	-	-	12	

成品生产预估成本价

序号	颜色	元/米	成本价构成
1	17-1322TCX 深咖		染色 +防水 +压光/扎花 +水洗/预缩 = 元
2	17-1129TCX 芥末黄		染色 +防水 +压光/扎花 +水洗/预缩 +抗黄变 +超成本加价 = 元
3	17-1322TCX 深咖		染色 +防水 +压光/扎花 +水洗/预缩 = 元
4	17-1129TCX 芥末黄		染色 +防水 +压光/扎花 +水洗/预缩 +抗黄变 +超成本加价 = 元
5	17-1322TCX 深咖		染色 +防水 +压光/扎花 +水洗/预缩 = 元

成品销售价格与毛利率

成品生产最高价		元/米	成品生产最低价		元/米	成品生产平均价		元/米
坯布价		元/米	其他费用		元			
成本价		元/米	销售单价		元/米	订单毛利率		

坯布生产周期

坯布价		元/米	采购类型	现坯+订织+库存转入	定织交期	30 天	下单时间	2019-7-15
坯布厂	台华							
总下单数	26,000	米	第一批	交货米数 8,000	交货时间	2019-8-15	批号	
			第二批	交货米数 8,000	交货时间	2019-9-15	批号	
			第三批	交货米数 10,000	交货时间	2019-10-15	批号	
交货方式	自提,送货上门,第三方提货		抽检比例	20%	检验报告	需要，检验报告的具体说明		
备选坯布厂								

生产周期

总交期	45	天	坯布交期（分期交货）	30	天	染厂交期（分期交货）	20	天
后整交期	7	天	缓冲预留	2	天	生产加工注意点		

出货要求

出货方式	分批出货					
出货包装要求	中性标签,面料系列号,成衣款号,内外唛,透明塑料袋,编织袋,分缸标识					
出货时间	出货批次	出货米数	物流方式	出货地点	收货方	备注
匹条样留存	需要			全检	否，抽检比例20%	

业务员：制单人姓名/提交日期　　采购：采购姓名/提交日期　　品控：品控姓名/提交日期

审批人：审批人姓名/审批日期　　总经理：总经理姓名/审批日期　　归档：归档人姓名/归档日期

图 2-44

第五节 生产部的流程体系

一、生产部的岗位职责与分工

生产部是生产型公司的基础部门,公司的内部管理工作都是围绕着生产部展开的,而生产部的工作都是围绕订单生产展开的,所以可以分成多个维度去管理生产部:首先是人的维度,从员工的培训,生产管理制度的建立到绩效考核的落实;接着是事的维度,围绕订单的进度来建立流程管理体系,根据订单的流转设置相应的部门,协调各个部门的配合和运作;最后是物,这里的物泛指的是面料在各个生产加工环节中的变化,公司要建立自己的生产标准和品控标准,对产品进行严格的检验和检测,确保产品符合客户的合同要求和企业的安全生产标准。生产部的岗位很多,有品控部/生产计划部、染色部、后整加工部、检验部和检测部等部门,各部门各岗位都要有基本的岗位职责和分工,相互配合相互承接也相互监督,才能完成订单的生产任务(图2-46)。

生产部岗位职责与分工

类别	项目	生产经理 王**	订单管理员 沈**	统计员 杨**	输单员 李**	染厂跟单 ***	后整跟单 ***	实习 ***
信息管理	染厂信息资源汇总表	▲	△					
	后整加工厂信息资源汇总表	▲	△					
	新研发样品工艺存档信息表	△	▲					
	染厂染色加工费用比价表	▲	△					
	后整理加工费用比价表	▲	△					
日常管理	产前会议	▲	△			▲	▲	
	下单风险评估表	▲	△			△	△	
	染厂定位与成本预算	▲	△					
	研发和试验样品登记存储	△	▲					
	办公室物品监督整理		▲					
订单管理	订单跟踪进程表实时登记（汇总）	△	▲	△				
	订单跟踪进程卡实时监督管理	△	▲	△				
	订单留样存档监督管理	△	▲	△				
	订单生产进程反馈业务部（微信分组）	△	▲	△				
	ERP生产指令单录入管理		△	△	▲			
	染色生产投坯数据反馈及ERP录入管理		△	▲	△			
	后整理加工生产数据反馈及ERP录入管理		△	▲	△			
	后整加工厂发客户数据、单据及ERP录入管理		△	▲	△			
	生产部后整理压光订单进度跟踪档案	△	▲	△				
	生产部后整理印花订单进度跟踪档案	△	▲	△				
	生产部染厂订单进度跟踪档案	△	▲	△				
	订单成本分析统计	△	▲	△				
生产管理	**染厂管理 / 后整加工管理**							
	质检部白坯质量异常反馈处理	▲	△					
	质检部成品染色质量异常反馈处理	▲	△					
	质检部后整理加工质量异常反馈处理	▲	△					
	检测指标质量异常反馈处理	▲	△					
	染厂筛选、比价和评级说明	▲	△					
	后整理厂筛选、比价和评级说明	▲	△					
	染色跟单					▲		
	后整理跟单						▲	
客诉管理	内部质量异常客诉单处理	▲	△					
	外部质量异常客诉单处理	▲	△					
	染厂问题处理	▲	△					
	后整理厂问题处理	▲	△					
库存管理	染厂库存的盘点及管理		△	▲				
	染厂库存报表		△	▲				
	后整理加工厂库存的盘点及管理		△	▲				
	后整理厂库存报表		△	▲				
存档管理	成品工艺档案管理	△	▲	△				
	各类检测指标档案	△	▲	△				
账务管理	染厂加工费对账	△	▲	▲				
	后整理加工费对账	△	▲	▲				
绩效管理	跟单员工作量安排	▲	△					
	跟单员等级考评	▲	△					
	跟单员绩效考核	▲	△					

注："▲"符号为主要负责工作 "△"符号为协助负责工作

图 2-46

二、生产部的执行流程

随着产业链分工的细化，各道加工环节也出现区域化和专业化,加工厂的品类和链条越来越长,一个成品订单的完成需要多个加工厂的配合,所以订单的生产过程就需要公司的跟单深度参与,实时的跟踪产品的生产质量,这就需要跟单有很扎实的专业知识,为了更好的做好生产跟单工作,订单生产型企业会把跟单分为染厂跟单和后整理厂跟单,跟单主要对接公司的品控部门和业务部门,接收到业务部的订单生产指令单后,根据生产指令单的要求逐步完成每一项工作内容,由于订单在实际生产过程当中会有很多不确定因素,所以要及时反馈和沟通订单的生产问题,并制定相应的执行程序,后整理行的品类和工艺繁多,就不一一列举,图 2-47 是染厂跟单员的执行流程。

三、生产部的岗位工作日志

生产部要建立起内部的生产管理和监督体系,订单的生产过程错综复杂,事无巨细,不管是哪个环节出问题,都会酿成重大的生产事故,生产跟单人员又都在各自的生产环节上跟踪订单,很难保持信息的实时和对称,这就需要生产部门的助理岗位对生产部的所有订单进行跟踪和梳理,对跟单的各个操作过程进行量化指标和行政考核(图 2-48)。

四、生产部的基础信息建设

生产部的基础信息建设包含生产加工链条管理的基础,纺织品的生产和后整理品类繁多,加工工艺复杂,不确定性很强,所以要梳理出公司的主要产品、主要加工染厂和主要加工后整理厂,然后根据自己公司的产品品类锁定加工链条上的加工商,并建立起详细的基础信息资料库,下列以染厂、后整理厂和评分评价体系为例。

(1)染厂加工品类及染费汇总表

表格左边为某公司的主要产品,红色字体是 10 万米以上的大宗产品,与之对应的是每个产品在指定染色加工厂的价格,表

染厂跟单员的执行流程

一、订单信息了解

1、服从领导染厂和后加工厂跟单工作安排；
2、每日进行晨会，拿取生产通知单和打样布；
3、根据染厂工作情况，与生产经理沟通交期和加工要求情况；
4、了解客户各项指标要求，不能达到或有异议当场提出。

二、染厂工作

1、进仓

（1）每天上午下午都应查看白坯到染厂情况，了解每的进仓坯号及数量，做好记录。
（2）根据订单情况通知染厂及时进仓，或进行异常退货处理。
（3）如品种需打样，应及时剪样，在布头上写好公司名称、品名等标识送至打样间，同时在原布头上写好相关信息；

2、打样

（1）及时把来样和打样要求（业务、理单、生产部提供）带到打样间，与打样主任沟通打样计划；
（2）随时跟踪打样情况，严格控制炼布及打样进度；
（3）打样进程和打样难度对经理进行异常汇报，根据其意见进行业务（理单）异常汇报；
（4）首缸新品种或换坯号品种，根据要求进行跟踪工作；
（5）对颜色样及时进行确认，不合格的要求其重打；可提供颜色偏向等打样意见；
（6）完成的颜色样和匹色样通过各种途径及时送回公司业务部相关人员。

3、点色、开卡

（1）熟知所接的每个订单、每个颜色的进度情况；
（2）根据生产通知单要求及合理缩率进行点色工作；
（3）与染厂工艺员沟通工艺情况，根据经验要求对不合理处进行修改；
（4）要求染厂及时开卡；
（5）依各订单情况及要求染厂及时安排生产计划。

4、前处理落实

根据品种要求，查看各前处理工艺流程，与染前处理负责人保持良好的沟通关系。

（1）配桶。落实好退卷、等桶、缝头工作；适时监督，注意缝头是否平整、整齐，不合格者要求其重缝；
（2）冷堆。如需冷堆品种，应注意其冷堆时间，及时冷堆；
（3）平幅精炼。
（4）水洗烘干。
（5）磨毛。及时查看磨毛情况，注意磨毛条；
（6）烧毛。
（7）丝光。
（8）预定型。
（9）包边。对于易擦伤的品种，应要求染厂包边。

5、上色

（1）依各订单交期合理安排生产计划，每日都应排出进缸计划至染厂车间主任；
（2）排产计划受阻时应及时对经理进行异常汇报；
（3）了解每天的排缸情况，并确保其按计划进缸；
（4）多与上色操作工多沟通、交流，让其多注意控制布面品质；
（5）关注出缸情况，尽量做到出缸前颜色确认；
（6）查看出缸情况，注意是否有脏渍；对样间查看出缸样并进行确认，缸样应对照原样或客户确认的确认样，偏差超过要求范围，应要求其进缸修色。

6、定型

（1）对已确认的出缸货物，及时安排脱水和开幅，注意布面脏渍情况；
（2）出缸货物及时与定型主任沟通安排定型或成坯干，对颜色变化差异大的品种可进行跟定型；
（3）跟单员要在定型机头监督和控制定型情况，控制好手感、风格、纬斜，有差异立刻进行调整；
（4）定型后，应再次对样，确保颜色无变化。

7、检验、发货

（1）根据检验要求验货，注意布面质量，发现质量问题及时与染厂沟通，提出解决方案，如有异常，向经理汇报；
（2）检验时应控制损耗，不可随便开剪；
（3）核对并记录成品米数，查看缩率是否异常；
（4）根据交货期，通知染厂及时开票发货，并查看出货信息。

三、异常汇报处理

在染厂工作，出现下列异常，应先与染厂相关负责人沟通协调处理，在沟通不畅情况下，应及时进行异常汇报。

1、交期异常，应及时向生产经理和业务（理单）汇报；
2、成品质量异常，向生产经理汇报，听其处理意见后向业务（理单）汇报；
3、坯布质量异常，向生产经理汇报或直接向采购部经理汇报；
4、与染厂的正常沟通出现异常，向生产经理汇报；
5、开票金额异常、缩率异常，向生产经理汇报。

四、库存处理

1、白坯库存

根据缩率合理配桶，如因订单取消或坯布过多，订单结束后应及时盘查染厂坯布库存，无后续订单，与相关理单沟通后退回业务部。

2、半成品库存

半成品可回修应与染色主任沟通，尽快进缸回修；
半成品不可回修的，应与业务沟通后染厂暂放，有相同品种时套色用掉；
半成品不可回修停不可用时，应及时与生产经理及业务汇报，由其提出处理意见；跟单员每月要做好待处理库存报表，写明问题原因及订单相关信息交生产经理。

五、数据统计

1、统计好每单的到坯米数和出货米数，计算缩率；
2、统计好每个颜色、每缸的配桶米数和检验米数；
3、内部转样应开具内部联系单，白联交财务，红联交理单；
4、退仓时应通知理单，写好退仓明细联单，由其做收货；
5、在每月5号前完成报表和库存表交生产部。报表上应写明每单的坯布入库、出库数量，和剩余的坯布、成品库存数量。

六、学习与创新

1、跟单员应该遵守公司规章制度；
2、努力学习专业跟单知识，提高专业技术水平；

图 2-47

生产助理的岗位职责与行政监督

项目	监督	2020年11月																														
		1	2	3	4	5	6	7	8	9	10	11	12	13	14	15	16	17	18	19	20	21	22	23	24	25	26	27	28	29	30	31
新样生产工艺登记	数量							0	1	n	0	0	0	0	2	0	2	0	0	4	0	3	0	1	2	0	0	0	1	0	0	
	自评（分A、B、C三挡）				B							B							B													
	部长抽审				A							A							A													
	行政抽审																															
染厂跟样登记	数量							0	1	n	0	0	0	0	2	0	2	0	0	4	0	3	0	1	2	0	0	0	1	0	0	
	自评（分A、B、C三挡）				B							B							B													
	生产经理抽审				A							A							A													
	行政抽审																															
染厂打样登记	数量							0	1	n	0	0	0	0	2	0	2	0	0	4	0	3	0	1	2	0	0	0	1	0	0	
	自评（分A、B、C三挡）				B							B							B													
	生产经理抽审				A							A							A													
后整理打样登记	数量							0	1	n	0	0	0	0	2	0	2	0	0	4	0	3	0	1	2	0	0	0	1	0	0	
	自评（分A、B、C三挡）				B							B							B													
	生产经理抽审				A							A							A													
每周销售退货统计表	数量							0	1	n	0	0	0	0	2	0	2	0	0	4	0	3	0	1	2	0	0	0	1	0	0	
	自评（分A、B、C三挡）				B							B							B													
	生产经理抽审				A							A							A													
转厂申请	数量							0	1	n	0	0	0	0	2	0	2	0	0	4	0	3	0	1	2	0	0	0	1	0	0	
	自评（分A、B、C三挡）				B							B							B													
	生产经理抽审				A							A							A													
客诉登记	数量							0	1	n	0	0	0	0	2	0	2	0	0	4	0	3	0	1	2	0	0	0	1	0	0	
	自评（分A、B、C三挡）				B							B							B													
	部长抽审				A							A							A													
	行政抽审																															
订单备案表价格登记	数量							0	1	n	0	0	0	0	2	0	2	0	0	4	0	3	0	1	2	0	0	0	1	0	0	
	自评（分A、B、C三挡）				B							B							B													
	生产经理抽审				A							A							A													
	行政抽审																															
订单备案表扫描留底	数量							0	1	n	0	0	0	0	2	0	2	0	0	4	0	3	0	1	2	0	0	0	1	0	0	
	自评（分A、B、C三挡）				B							B							B													
	部长抽审				A							A							A													
检测统计	数量							0	1	n	0	0	0	0	2	0	2	0	0	4	0	3	0	1	2	0	0	0	1	0	0	
	自评（分A、B、C三挡）				B							B							B													
	部长抽审				A							A							A													
	行政抽审																															
检测申请登记	数量							0	1	n	0	0	0	0	2	0	2	0	0	4	0	3	0	1	2	0	0	0	1	0	0	
	自评（分A、B、C三挡）				B							B							B													
	生产经理抽审				A							A							A													
开版申请	数量							0	1	n	0	0	0	0	2	0	2	0	0	4	0	3	0	1	2	0	0	0	1	0	0	
	自评（分A、B、C三挡）				B							B							B													
	生产经理抽审				A							A							A													
码单登记	数量							0	1	n	0	0	0	0	2	0	2	0	0	4	0	3	0	1	2	0	0	0	1	0	0	
	自评（分A、B、C三挡）				B							B							B													
	生产经理抽审				A							A							A													
头缸登记	数量							0	1	n	0	0	0	0	2	0	2	0	0	4	0	3	0	1	2	0	0	0	1	0	0	
	自评（分A、B、C三挡）				B							B							B													
	生产经理抽审				A							A							A													
	行政抽审																															
打印生产指令单	数量							3	3	5	8	5	2	0	17	5	15	2	0	0	2	9	7	9	0	3	1	1	7	8	7	
	自评（分A、B、C三挡）				B							A							A													
	生产经理抽审				A							A							A													
签单价格发给跟单	数量							3	3	5	8	5	2	0	17	5	15	2	0	0	2	9	7	9	0	3	1	1	7	8	7	
	自评（分A、B、C三挡）				B							A							A													
	生产经理抽审				A							A							A													
染厂及后整理厂ERP销售录入	数量							2	0	1	2	0	1	0	1	0	0	2	1	0	1	1	2	0	1	0	0	1	5	0	1	
	自评（分A、B、C三挡）							A-																								
	生产经理抽审							A																								
	行政抽审																															
染厂每月订单数统计	数量							0	1	n	0	0	0	0	2	0	2	0	0	4	0	3	0	1	2	0	0	0	1	0	0	
	自评（分A、B、C三挡）				B							B							B													
	生产经理抽审				A							A							A													
订单转让订单登记	数量							0	1	n	0	0	0	0	2	0	2	0	0	4	0	3	0	1	2	0	0	0	1	0	0	
	自评（分A、B、C三挡）				B							B							B													
	部长抽审				A							A							A													
后整发货备案登记	数量							0	1	n	0	0	0	0	2	0	2	0	0	4	0	3	0	1	2	0	0	0	1	0	0	
	自评（分A、B、C三挡）				B							B							B													
	生产经理抽审				A							A							A													
每日未完成事情汇总汇报	数量							0	1	n	0	0	0	0	2	0	2	0	0	4	0	3	0	1	2	0	0	0	1	0	0	
	生产经理抽审																															
每日生产异常单汇总汇报	数量							0	0	0	0	0	0	0	0	0	0	0	0	1	0	0	0	0	0	0	0	0	0	0	0	
	生产经理抽审																															
临时任务监督汇报	数量							0	0	2	0	0	0	1	0	0	0	0	0	0	2	0	2	0	0	0	0	0	0	1	0	
	自评（分A、B、C三挡）				B							B							B													
	生产经理抽审				A							A							A													

图 2-48

格里面黑色实心三角符号表示该染厂的优势加工产品，空心三角符号表示该染厂的普通加工品种，表格上面是染厂的基本信息，包含综合评级、产能情况和社保情况等，这样每个产品就可以根据订单的性质和要求选择相应的染厂进行加工，这些基础数据导入智能系统后，染色加工的数据库就建立起来了，在生产下单的时候就能智能推荐染厂，自动报出相应染色加工工艺的价格，通过移动跟单端的工艺录入，就能完整的呈现染色的加工的智能化管理，染色的品控管理在后面章节有详细介绍（图2-49）。

（2）后整理加工厂与工艺品类汇总

后整理加工指的是订单染色完成后的再加工和深加工，后整理加工是叠加的，一个订单有可能会经过染色、压光、水洗和复合等多种组合工艺，由于行业加工链条分工非常细，各种后整理加工品类都繁多，加工厂也良莠不齐，通过建立后整理厂各道加工品类的信息资料库，就可以在灵活选择加工厂和加工工艺了，下图表格里面是某公司后整理加工厂与工艺品类汇总表，包含了主要指定配合后整理加工厂的基本工艺信息和工艺报价，实心三角符号表示该公司的擅长加工品类，空心三角符号表示备选加工厂的加工品类。可以根据公司的订单加工品类建立自己的后整理厂信息资料库，同样的把数据导入智能管理系统以后就能自动匹配相应的后整理加工厂和系统报价（图2-50）。

染厂加工品类及染费汇总表

序	类	主产品类/规格	染缸类型
1	尼丝纺/锦涤纺	低弹尼丝纺	斜管
2		300T尼丝纺	平缸
3		消光尼丝纺	平缸
4		半光尼丝纺	平缸
5		酉孔有光尼丝纺	平缸
6		锦涤纺	经轴/平缸
7		塔丝隆	平缸/斜管
8		272尼龙斜	平缸
9		335/340尼龙斜	平缸
10		210尼龙牛津	平缸
11		平纹锦涤纺	平缸
12		斜纹锦涤纺	平缸
13		锦涤纺	平缸
14		格子锦涤纺	斜管
15	春亚纺	65*50春亚纺	斜管
16		300T半光春亚纺	斜管
17		320春亚纺	斜管
18		320消光春亚纺	斜管
19		320T春亚纺	斜管
20		高弹春亚纺	斜管
21		420春亚纺	斜管
22		瓷感棉	斜管
23	记忆布	全记忆纬绉	斜管
24		仿记忆系列	斜管
25		全记忆/半记忆系列	斜管
26		缎纹仿记忆	斜管
27		半弹花瑶	斜管
28		牛津布仿记忆	斜管
29		平纹牛津	斜管
30		弹力牛津	斜管
31		高弹2/2小人字纹	斜管
32	纬弹-四面弹	尼龙弹力	经轴/斜管
33		尼龙斜纹弹力	斜管
34		尼龙格子弹力	经轴
35		200尼龙四面弹/纬弹	经轴/斜管
36		400尼龙四面弹/纬弹	经轴/斜管
37		700D尼龙四面弹/纬弹	经轴/斜管
38		700D尼龙双层四面弹	经轴/斜管
39		单丝人棉纬弹	斜管
40	其他	色织素面	斜管
41		色织大提花	斜管
42		波段/提花	斜管
43		D001	斜管
44		D002	斜管
45		D003	平缸/斜管
46		D004	平缸/斜管
47		D005	平缸/斜管
48		棉布	斜管
49		涤棉半记忆	斜管
50		桃皮绒	斜管
51		牛津布仿记忆	斜管
52		金属丝	平缸
53		雪纺	气流缸/斜管

染厂染费报价

染厂名称：某某染厂（☆☆☆）／某某染厂（☆☆☆）／某某染厂（☆☆☆）／某某染厂（☆☆☆）／某某染厂（☆☆）

综合评级

产量（万米/天）：44　5　／46　／70　30　58　6　／20-25　4-7　6-8　12-15　39　13　／400　60　57

缸数：86　18　／290　／39　6　9　34　／78　30

染缸类型：溢流斜管/小缸/单管　／溢流缸　／斜管/RX缸 汽城缸/筒型　／斜管/气流缸 经轴缸/平缸 常温缸/高温高压缸　／平缸/高温缸/经轴缸

各染厂均分：普定/染费　高定/染费

防水加价（参考价/含票）：C6普通　C6强　C8普通　C8强　无氟普通　无氟强　特氟分普通　特氟分强

（表中多处标注"参考打色配方"及▲、△符号）

图 2-49

后整理加工厂与工艺品类汇总

品类	压光		涂层								贴膜				贴合/贴膜	三合一				面料	倒辅	水洗	拉毛	防水/定型			印花		压花		袋全	跟单		负责人	等级	优势
合作伙伴	书膜	皮膜	无膜	PA	PU	滚法	发热	硅胶	皮膜	离心板	低透	中透	低透白	中透白	含板透	30D凯膜	15D凯膜	20D可特	30D可特	对贴				C6	C8	CO	数码	转移	里料	面料		常驻	流动			
***加工厂 参考价/含税	▲	▲	▲	▲	▲	▲	▲	▲			▲	▲	▲	▲	▲	▲	▲	▲	▲	▲		▲		▲	▲	▲					▲	▲			A+	品质+管理
***加工厂 参考价/含税	△	△	△	△		△					△	△	△	△	△	△	△	△	△	△		△													A	价格+品质
***加工厂 参考价/含税									△	△																										
***加工厂 参考价/含税	▲	▲	▲	▲	▲	▲	▲	▲			▲	▲	▲	▲	▲	▲	▲	▲	▲	▲		▲													A	品质+隔离
***加工厂 参考价/含税	△	△	△	△																		△													A	高端
***加工厂 参考价/含税																																			A	
***加工厂 参考价																							▲													品质+内控
***加工厂 参考价																											▲									
***加工厂 参考价/含税																						△	▲					▲								

注：等级标识为"A+"的为战略合作伙伴，加工品类型标识为"▲"的为主选配套工序，加工品类型标识为"△"的为次选配套工序，需要特殊指定加工的须指定加工厂的指定工序。参考价含税总金额和财务总金额为准。

图 2-50

（3）加工厂评分评价体系

　　加工厂的管理要形成一个标准,对加工厂的基本情况和基本信息要建档管理,充分了解加工厂的产能、优势品种和软硬件情况,对长期配合的加工厂进行评分评级,从人员配合度、生产指标要求达标率、时间效率等多个角度去评分评级,并把评分评级结果输入到智能管理系统,由系统来推荐相应产品的优秀加工厂,图2-51是加工厂的评价表,完善评价表的各种信息,对资源整合、跟单人员安排和订单安排至关重要,也是智能化管理的基础信息支撑。

加工厂评价表

厂名	**染厂		厂址		传真号码	
厂长	联系电话		业务员		联系电话	
评价指标						
	评价内容				填写说明	
基本情况	企业性质		□外资企业 □股份制企业 □国有企业 ✓民营独资企业 □中外合资企业 □民营合伙企业			
	历史业绩				填写最近三年的生产量	
	品种特长		涤塔夫, 春亚纺, 尼丝纺		填写大类名称（限三类）	
	加工能力（米/天）		20万米		填写大致数量	
	设备类型及数量		斜管20台, 高温卷染缸20台, 经2台, 定型机3台		填写不同设备类型及其数量	
生产与质量控制能力		工人技术水平	□1 □2 □3 □4 □5		1最低, 5最高	
		质量水平	□1 □2 □3 ✓4 □5		1最低, 5最高	
	交期	交期准时度	□1 □2 □3 ✓4 □5		1很不准时, 5很准时	
		赶工能力	□1 □2 ✓3 □4 □5		1最差, 5最强	
		交期稳定性	□1 □2 ✓3 □4 □5		1最不稳定, 5最稳定	
	管理体系	质量管理体系	✓ ISO9000		不定性选择。	
		环境管理体系	✓ ISO14000			
		现场管理	□ 6S		有√；没有不填。	
服务与内部管理水平		配合度	□1 □2 □3 ✓4 □5		1最低, 5最高	
		配套服务	□提供办公电脑 □提供免费工作餐 ✓有偿提供工作餐			
		运输方式	✓包接包送 □只送不接 5000米以上包接包送 □3000米以上包送包接			
		服务的贸易商及品牌	厂家或品牌 上年年产量 / 厂家或品牌 上年年产量 / 厂家或品牌 上年年产量		填写正在合作的贸易商及加工品牌	
		返厂返修是否收费	✓不收费 □收费			
	赔付	赔付难易程度	□1 □2 □3 ✓4 □5		1最容易, 5最难	
		赔付金额比例	□1 □2 □3 ✓4 □5		1最低, 5最高	
		价格水平	□1 □2 □3 ✓4 □5		1最低, 5最高	
		能接受的付款方式	✓月结 □承兑 □50%的承兑, 50%的现金转账 □50万一结算			
	信息化水平	办公自动化系统	□ 有OA系统 □ 无OA系统			
		企业资源计划系统	□ ERP		有√；没有不填。	
		量少时是否需要我司派驻跟单员	□厂家业务人员可直接跟单 ✓厂家无人跟单, 需要我司派驻			
		企业社会责任管理体系	□ CSC9000T			

图2-51

5、生产部的智能化管理

　　生产流程的智能化管理主要是通过各个相关部门的数据推送和任务推送来实现,比如研发部在做新品研发时产生的生产数据和工艺流程要在形成大货订单生产前推送到生产部的接收端口上,这样生产部形成的生产指令单就有详细的生产工艺参数;业务部的订单要求也以任务推送的形式关联到订单上来,在每完成一个生产指令时,系统都要对数据流转实时采集,对跟单员的行为进行反馈,反馈的结果由业务部的任务发起者来审核和判定,形成与智能系统为评判的监督平台,避免随性的人为管理,各个智能终端和物联网能及时记录生产过程中产生的问题和事故,对客诉信息和改进方案也进行系统记录,这样在下一个订单的生产前就能有智能提醒和任务监督,通过智能系统的大数据分析,能有效地提升工作效率,形成标准化的执行方案。

染厂跟单的智能终端设计可以是移动平板电脑或者 PDA,也可以是智能手机,以智能手机为例,当订单推送到跟单的智能接收终端后,跟单的工作任务就呈现在下面的图示上,因此跟单只需要一步步按照生产流程进度表的内容来提交,就可以同步至理单工作台的进度详情中,便于业务部门实时获取订单的最新生产进度。在智能系统的设计中,本着任务接收和最少劳动的原则,根据规范化的流程步骤,在重要的节点中采集关键信息。跟单员根据系统的步骤要求,逐一完成规定的项目,确保流程的规范性。

图 2-52 是染厂跟单的移动端界面设计说明。

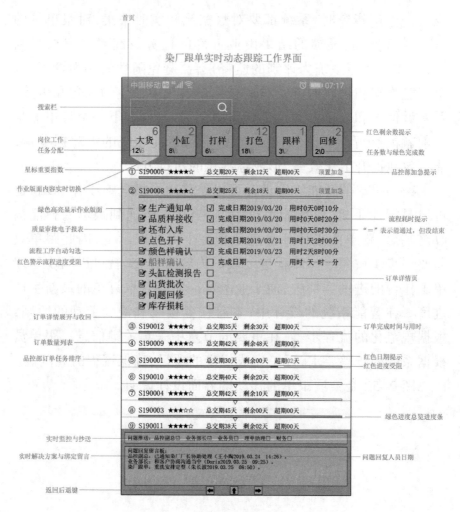

图 2-52

（1）生产指令单

图 2-53 是生产指令单的形式,生产指令单是业务订单中关于生产的具体要求,该内容将单独导出,亦可输出打印,跟随品控部的生产全过程,作为生产的指导,生产指令单的一些重要任务以智能推送的形式到达跟单的智能接收终端,跟单在智能终端里面完成任务也会实时更新到理单工作台,做到数据信息的交互共享。

生产指令单

生产指令单号：SC20200202001

订单号		接单日期		订单交期	
业务员		客户编号		总米数	
加工厂名称			跟单员		
品号/品名			规格		
生产工艺					

颜色/花型信息：

序号	颜色/色号	数量（米）	款号	投坯数量（米）	生产交期	备注
1						
2						
3						
合计	//总米数			//总米数		

生产工艺要求：

染色要求	
定型要求	
后整理要求	
船样要求	
质检/包装要求	

生产指标要求：

对色光源		色差		克重		pH值	
外幅		内幅		经缩水率		纬缩水率	
耐摩擦牢度	干磨	耐洗沾色牢度	变色	耐汗渍牢度	变色	耐唾液牢度	变色
	湿磨		沾色		沾色	（童装）	沾色
防水级数		撕裂牢度级数					

备注：

品控部审批人：张三

制表人：李四

抄送接收回执：业务 ☑ 检验 ☑ 检测 ☐ 仓库 ☑

制表日期：20200202

图 2-53

　　生产指令单和品质样接收在流程的操作中只是一个行为的确认，系统层面设计为必经过程，其意义在于，强制跟单员去做"查看生产指令单"和"确认接收品质样"这样的动作，在行为层面确保这一工作作为规范化流程的必经步骤不被遗漏。确认后的状态将同步到理单工作台，使业务部门第一时间获知当前的状态，减少沟通成本（图 2-54）。

图 2-54

（2）坯布到货

跟单员就绪后将接收坯布，为入缸染色作准备。坯布的来源根据实际情况，可经由采购直接从坯布供应商发货，也可从仓库备货发出（图 2-55）。

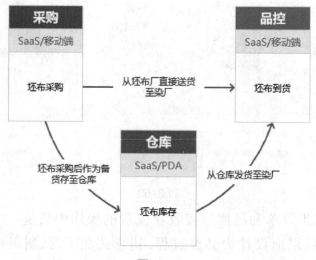

图 2-55

坯布的到货数量作为重要的生产数据，将从本道步骤的上一步来完成。以坯布到货为例，在采购将坯布从供应商处发至染厂时，相应的染厂跟单将收到坯布即将到货的信息提示，待货品到达后清点确认，无误后点击收货，即可完成坯布到货（图 2-56）。

图 2-56

（3）点色

点色过程作为数据和进度的记录,同步至理单工作台。点色环节只是生产计划,因此在数据层面不与后续环节关联(图2-57)。

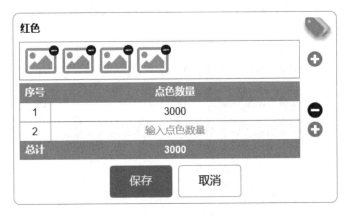

图 2-57

（4）开卡

开卡环节是生成缸号的关键环节,在这个环节中记录的缸号将跟随产品至最终出货,不同缸号间的产品在各个环节中分类区隔,是区分产品的重要参数。在开卡之后,所有对产品的操作都将在不同的缸号下区隔进行(图 2-58)。

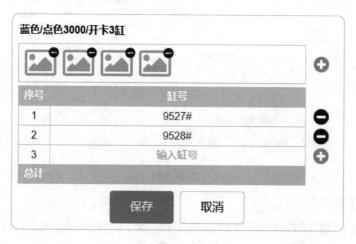

图 2-58

（5）配桶

开卡之后,配桶页面将根据开卡缸号形成表单,配桶的数据填入相应的缸号。投坯数据将会自动统计,参与后续的一系列计算(图 2-59)。

黑色/点色3000/开卡3缸/配桶6009

序号	缸号	配桶卷数	配桶米数
1	9527#	30	3002
2	9528#	30	3007
3	9259#	输入卷数	输入米数
总计	3	60	6009

保存　取消

图 2-59

（6）颜色样确认

颜色样确认属信息同步模块，跟单员在现场完成了颜色样的确认后填写，同步至理单工作台，业务员可第一时间获知颜色样确认的信息。

（7）头缸检测报告

头缸检测报告是每个颜色第一缸的重要质量数据，在实操中需要品控部包括跟单、检验、检测等多部门完成的综合质量报告。根据以上特点和数据要求，系统通过跟单移动端、打卷检验端和检测页面，整合多部分的数据，形成头缸检测报告。在后续的检验检测以及合格证输出的过程中，同样以这种形式整合多个部门的数据。跟单移动端所需提交内容为现场可确认内容，如图 2-60 所示。

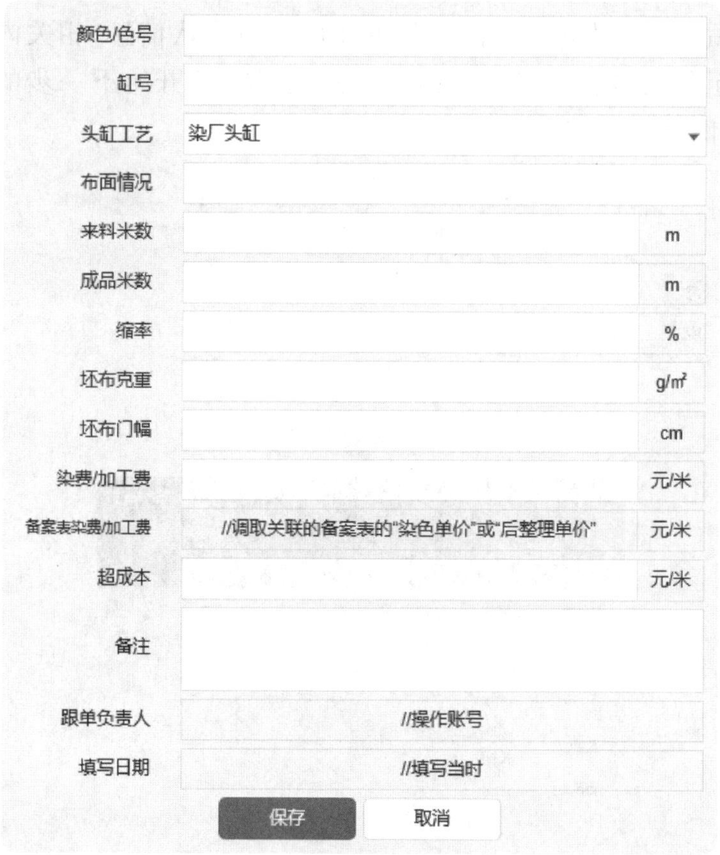

颜色/色号		
缸号		
头缸工艺	染厂头缸	▼
布面情况		
来料米数		m
成品米数		m
缩率		%
坯布克重		g/m²
坯布门幅		cm
染费/加工费		元/米
备案表染费/加工费	//调取关联的备案表的"染色单价"或"后整理单价"	元/米
超成本		元/米
备注		
跟单负责人	//操作账号	
填写日期	//填写当时	

保存　　取消

图 2-60

检验和检测分别通过打卷验布终端和电脑系统页面端输入数据,将在后续章节专门介绍。填写完毕后数据将整合至理单工作台,在"品质详情"页面,以颜色－缸号的树状结构,以纵向时间轴的方式排列,便于对订单的每一种颜色的每一缸的质量数据进行查阅(图 2–61)。

染厂头缸		跟单员 张三				填写时间 2020-02-10			
布面情况	配桶米数	成品米数	缩率	坯布克重	坯布门幅	染费	备案表染费	超成本	备注
平整	1000	900	10%	125	158	5.2	5.1	0.1	

图 2–61

（8）船样确认

船样确认同样属于信息同步模块,当业务员获取船样确认的信息后,通过理单工作台的跟单详情填写确认信息,相关内容将同步至移动端,以便跟单员第一时间获取,并开始下一步的生产工作(图 2–62)。

图 2–62

（9）染厂出货

当产品完成了染色定型等工序,初检无问题后,即可从染厂出货。在规范化流程中,原则上所有染厂出货的产品必须经过检验检测方可进入下一道工序,因此染厂出货的方向一般为"检验"。跟单可在移动端,以颜色区分,以缸为单位,填写每缸出货送检的数量。该数据将同步至理单工作台,令业务部第一时间获知染厂出货信息。与此同时,相关信息将推送至检验、检测看板,作为即将进行检验检测的任务提示(图2-63)。

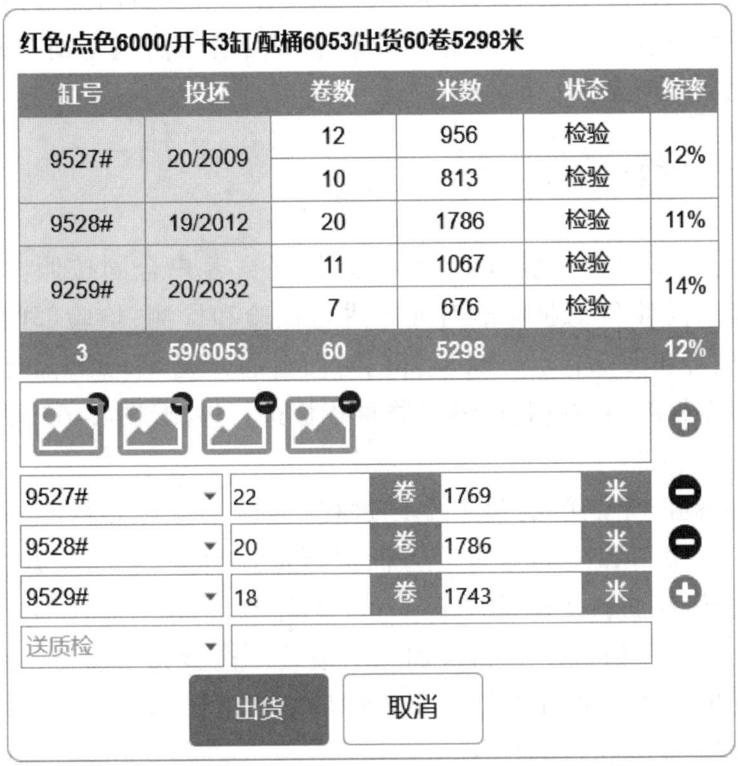

红色/点色6000/开卡3缸/配桶6053/出货60卷5298米

缸号	投坯	卷数	米数	状态	缩率
9527#	20/2009	12	956	检验	12%
		10	813	检验	
9528#	19/2012	20	1786	检验	11%
9259#	20/2032	11	1067	检验	14%
		7	676	检验	
3	59/6053	60	5298		12%

9527# ▼	22	卷	1769	米	➖
9528# ▼	20	卷	1786	米	➖
9529# ▼	18	卷	1743	米	➕
送质检 ▼				

出货　取消

图2-63

（10）后整理厂跟单

后整理跟单的步骤与染厂跟单相比做了简化,只记录到货和出货的步骤,通过首尾的数据记录,自动计算其缩率。其操作方式与染厂的到货和出货一致,不再赘述。

第六节　仓储质检部的流程体系

一、质检仓储部的岗位职责与分工

质检仓储部可以细分为检验部、检测部和仓储部，都属于生产品控的配套部门，在职能上是一致的，工序上也是一个交叉和重复的过程，检验部、检测部和仓储部在一个区域内办公效率会更高，所以在岗位职责和分工的表格里面把他们规整到一起了。如图2-64所示。

二、质检仓储部的执行流程

质检部包含检验部和检测部门，根据客户合同按照国际标准、国家标准和企业标准对面料进行检验和检测，检验部门分为白坯检验和成品检验。检验部门对面料的外观、品质和品相进行检验，检测部门对面料的各种物性指标进行检测（图2-65）。

（1）检验

检验贯穿订单的整个生产过程，检验主要对面料的外观品质、纬弧纬斜和门幅克重等方面进行把控，把次等品分开，只有检验合格的面料才能发往下一个生产环节，这是对品质的严格要求，也能避免造成次等品再加工的浪费。检验分为前检、中检和终检，生产加工的过程每个环节都可能产生新的加工风险，检验是个需要反复执行的操作。

①前检主要针对坯布检验，坯布检验又分为坯布内检和坯布外检，坯布内检主要是内部坯布染色前检验，对每个原料批次，每个机台号的坯布都要进行必要的检验；坯布外检是外派白坯检验员或者委托加工厂按合同要求的品质对外加工的坯布进行检验。

②中检是在加工过程中每个环节的检验，染色结束后需要把面料运回公司内部进行检验，合格产品发到下个后整理加工厂进行

深加工,对加工后的产品也要进行检验,多少个加工环节就需要多少次的中间检验,才能保证产品的品质,中间检验在时间和条件允许的情况下,运回公司检验是比较有保障的,有些特定产品不能重复退卷的就需要外派检验人员对加工后的产品进行实时检验。

仓储质检部岗位职责与分工

类别	项目	仓储主管 李**	物流调度 李**	质量检验 王**	白坯收发货 沈**	质检统计 沈**	仓库统计 万**	实习生 ***	水电工 ***	包装工 ***	后勤工 ***
信息统计	坯布收发货单据整理				▲						
	成品收货码单整理					▲					
	成品发货码单整理						▲				
日常管理	坯布剪样、开剪				▲						
	现场人员协调管理		▲								
	坯布出入库核实	▲									
	成品剪样	▲	△				△				
	考勤登记	▲		▲							
	成品坯布装卸货								△	△	▲
	成品打包发货	△								△	▲
	公共区域卫生与物品整理										▲
	办公室卫生与物品整理				▲		▲				
	采购包装材料			▲							
	卷验机定期维修保养			▲							
	每日安保检查（电源）			▲							
	分缸、包装									▲	▲
	水电维修								▲		
	开叉车								▲		
	临时琐事								▲		
检验管理	白坯检验安排		△		▲						
	成品检验安排		△	▲							
	成品外检			▲							
	质检流程异常处理			▲							
	质量问题沟通汇报			▲							
	检验培训			▲							
	检验报表			▲							
	检验异常报告			▲							
	缸样			▲							
收货管理	白坯收货入库				▲						
	白坯收货ERP系统录入						▲				
	成品收货入库	△		△	△	▲					
	成品收货ERP系统录入					▲					
	成品检验入库、扫描入库	▲					▲				
	坯布收货报表						▲				
发货管理	白坯发货（根据请购单）				▲						
	白坯发货ERP系统录入						▲				
	坯布发加工报表						▲				
	成品扫描出库	▲					▲				
	成品ERP系统打单出库	▲					△				
物流管理	班车接送		▲								
	物流调度		▲								
	叫车费用核算		▲								
	仓库送货		▲								
	接送客户		▲								
	车辆管理（维修保险等）		▲								
库存管理	位置录入和管理	▲									
	坯布收付存报表	▲									
	库存增减	▲					△				
	库存定期盘整	▲					△				
	白坯库存架位管理	▲			△						
	成品库存架位管理	▲									

注:"▲"符号为主要负责工作　"△"符号为协助负责工作

图 2-64

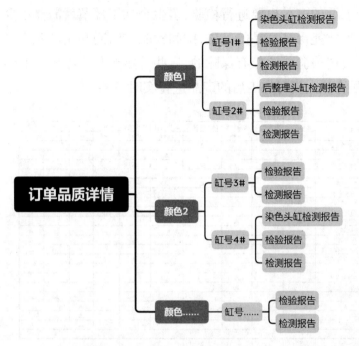

图 2-65

③终检是在所有加工工序都结束后,运回公司进行产品的最终出货前检验,根据客户合同要求按国家标准或者指定的国际标准最终产品分出相对应的等级,对各个等级的产品进行入仓、发货或者其他相应的操作。

（2）检测

检测分为染色检测、后整加工检测和出货前检测,不同加工环节的检测项目有所不同,检测有物理指标和化学指标要求,检测的项目是一个增加的过程,每道加工工序要求相对应的检测项目,加工厂的检测条件参差不齐,所以在每个生产环节都要把品质样拿回公司内部自己检测,内检合格后才能送第三方检测,这样在保证品质的同时还能提高效率和控制检测成本。

（3）仓库

仓库管理比较复杂烦琐,各个生产加工环节上都会有库存,库存的周转和有效管理都需要严谨的智能化管理方式才能提高生产效率和资金占用率。

①纱线库存有纱线内部库存,纱线供应商备货库存,生产加工厂纱线库存。

②白坯仓库有内部白坯库存仓库、白坯研发仓库、外部供应商备货仓库、染厂库存白坯仓库。

③成品仓库有内部库存仓库、成品备货仓库、成品待发货仓库、成品加工厂外部仓库、成品样品仓库和成品研发仓库。

三、质检部的智能化管理

在智能系统设计的层面上,当一个业务订单建立后,检验及检测任务即处于待检状态,工作人员可随时在检验终端和检测页面中选择进行中的订单进行检验检测信息的录入。检验及检测是判断产品是否合格的重要生产步骤,包括了对产品表面品质的检验及理化指标的检测。包括头缸在内的所有产品原则上均需进行检验和检测,头缸检测环节至关重要,在染厂出货前就必须把重要的物性指标都提前关联到订单号上,然后通过智能审批推送给品控部主管和订单相关的业务员确认,才可以进行出货或者大货跟进生产。

检验检测等信息录入后,理单工作台品质详情页面将以颜色－缸号－检验检测结果为树状结构显示订单所有产品的检验检测信息,以供查阅。同时,系统将归集和导出检测结果,自动生成合格证,作为产品品质的证明文件。

（1）面料检验智能化操作

面料表面品质检验在打卷验布机上完成,通过安装在设备上的打卷检验终端录入检验结果数据。打卷检验终端通过连接长度传感器(滚轮、码表等计长设备)获取当前运行的米数,检验人员在获取任务后,选择相应的订单或产品,通过终端录入订单信息、产品参数、瑕疵等一系列信息,完成打卷检验的工作(图2-66)。

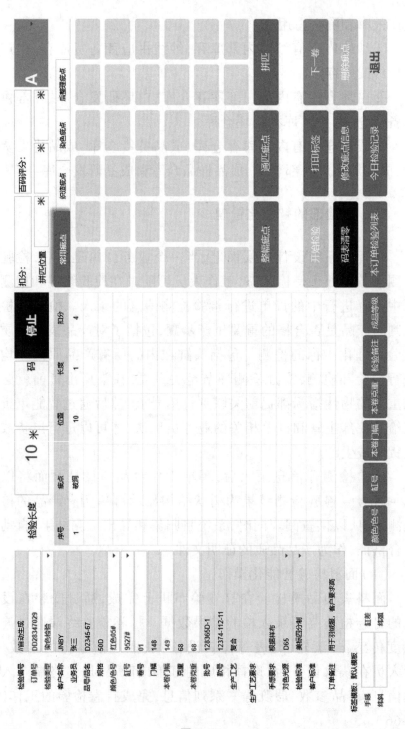

图 2-66

打卷检验完成后,系统将为每一卷产品生成唯一的二维码标签,作为产品最小个体单位的身份识别,为下一步的库存环节作准备(图 2-67)。

标签示范

品号/品名	SDY2018008
规格	50D*120D
颜色	红色001
缸号	9527#
卷号	01
长度	100米

图 2-67

(2)面料检测和检测指标智能化判断

每个订单的检测指标要求和参数,在生产备案表环节,就已在"生产指标要求"中对产品的品质指标做了最低的达标的规定,在检测的过程中,产品的结果需要达到该标准,方可认为合格,订单指标参数和实际的检验检测参数由系统来分析和品控判断(图2-68)。

图 2-68

检测和检验的结果以表格的方式同步至理单工作台"品质详情"页面,归档于相应的缸号下。

(3)销售出库合格证智能化

销售出库合格证是仓库出货前的最后一道品质把关,虽然面料不是终端消费品,但是各种指标和要求非常多,而且各个指标在下一个生产环节加工后都会产生数值变化,重复测试各种指标是必要的,所以在面料订单出货前一定要有严格的企业标准,除了合同要求的指标要通过测试,合同没有要求的指标也要进行测试,才能保证好订单品质。

当产品的检验检测数据在页面整合后,可通过系统页面选择相应的参数,系统上可以实时查询每个订单的检测结果。如图2-69所示。

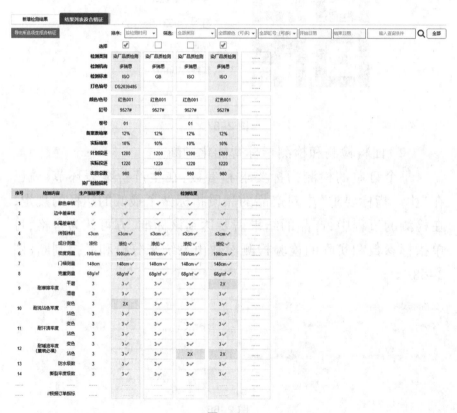

图 2-69

针对每个缸号都可以生成和导出合格证,以供打印附于出货的产品之上,并生成二维码,做到产品生产过程各个环节的生产数据追踪。

图 2-70 是销售合格证的出货前证书。

销售出库合格证					
日期_____		订单号_____	合同号_____	（客户名称）_____	
序	合同要求	检测内容	检测结果		
			缸号：	缸号：	缸号：
			颜色：	颜色：	颜色：
1		颜色审核	□合格	□合格	□合格
2		手感审核	□合格	□合格	□合格
3		克重审核	□合格	□合格	□合格
4		成份	□合格	□合格	□合格
5		门幅测量	□合格	□合格	□合格
6		维弧	□合格	□合格	□合格
7		纬斜	□合格	□合格	□合格
8		密度测量	□合格	□合格	□合格
9		PH值数值	□合格	□合格	□合格
10		防水级数	□合格	□合格	□合格
11		撕裂牢度级数	□合格	□合格	□合格
12		皂洗色牢度级数	□合格	□合格	□合格
13		水渍色牢级数	□合格	□合格	□合格
14		汗渍色牢度级数	□合格	□合格	□合格
15		光照色牢度级数	□合格	□合格	□合格
16		干湿磨色牢度级数	□合格	□合格	□合格
17		缩水率数值	□合格	□合格	□合格
18		防绒根数	□合格	□合格	□合格
19		复合粘合牢度	□合格	□合格	□合格
20		接缝滑移数值	□合格	□合格	□合格
21		抗黄变牢度级数	□合格	□合格	□合格
22		甲醛含量	□合格	□合格	□合格
23		水压/透气透湿	□合格	□合格	□合格
24			□合格	□合格	□合格
全检：□是　　抽检（比例）：					
船样合格证匹配：□是　否_____					
说明：1、根据订单合同来量化指标，再匹配检测内容和检测结果、和船样合格证					
2、空白处可以增加其他合同要求的检测项目					
3、部分数据不匹配，但不影响订单要求品质的，审批后可发货					
4、一式两联，业务留档案卡一联，客户留一联（可贴于布卷上）					
5、客户收货后如复检出指标和数据不合格，请及时与我司联系					
生产品控审批：			业务审批：		

图 2-70

四、仓储和物流智能化管理

仓储管理在物流管理中占据着核心的地位，传统的面料生产贸易企业因为有订单备货和库存等问题，自己的仓库总是满满的,半成品、成品、入库、待入库和外仓质检又需要快速协调,所以如何提高库存仓位的周转率、利用信息和物联网技术来管理仓库以及建立现代化的物流系统变得越来越重要,特别是跨区域的产业链调度更需要现代化信息技术的支持,所以现代物流以整合流程、协调上下游为己任,静态库存越少越好。随着制造环境的改变,产品周期越来越短,多样少量的生产方式,对库存限制的要求越来越高,因而必须建立及执行供应链管理系统,优化供应商、加工商的仓储物流体系。

根据行业特色,在原有仓储的条件下,对仓库和物流模块进行数据化重构,仓库模块的设计除了常规的仓储信息统计之外,还与前后环节包括采购、品控、财务等紧密相连。仓库的操作设计遵循流程化和任务化的建设原则,在业务运行的过程中,通过任务指令的被动接收和前后环节的数据推送,可大大降低劳动的思考强度,减少出错的可能性。

在智能管理系统的设计上,财与物的流动严格遵循会计资产意义上的仓储,其出入库的行为判定只与当前的会计本质有关,而不拘泥于物理空间层面的仓储,这是在仓储模块运行的过程中需要深入理解的一个要素。由于库存的出入是对实物出入库的记录,因此在实际操作过程中,绝大部分的工作都可通过手持终端(PDA)在现场完成,最大程度保持实物与信息的一致。

根据出入库的产品性质和数据特点,仓库和物流分为以下几个模块环节：

（1）坯布入库

坯布入库一般发生在坯布备货的场景之中,采购从坯布供应商处发货至坯布仓库,坯布入库的模块会生成待入库任务。坯布管理员只需坯布实物到达仓库之后,核实其到货数量无误,并通过PDA或电脑端分配仓库的库位和托盘码,即可完成坯布入库操作。坯布入库后,财务即触发了相应的采购应付。

需要注意的是,如果坯布采购的环节是直接从坯布厂送至染厂,则在系统的数据中会将其视为"入库随即出库",由此保证采购应付触发无误(图 2-71)。

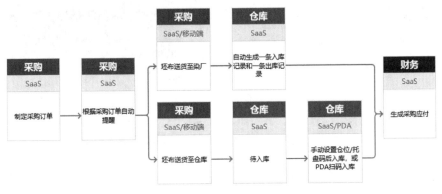

图 2-71

（2）坯布出库

坯布出库将采用任务化的方式,由需求方,一般为业务部, 提出出库请求。仓库管理员在收到出库通知单后,通过手持终端 (PDA),扫描已入库的坯布所在的仓位码或托盘码,录入出库米 数,即可完成出库。这一操作一般为白坯送染厂或发加工,因此 对应的染厂跟单将收到订单生产流程的"坯布到货"信息,开始 其品控跟单的工作(图 2-72)。

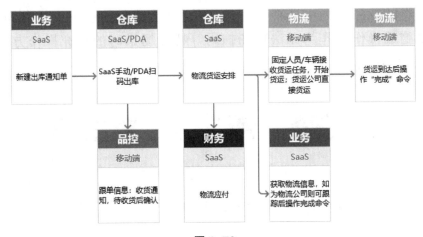

图 2-72

如果坯布有定码,则直接输入卷数即可,如果坯布厂也接入 到智能管理系统中来,就可以直接调取出货的明细数据,并产生相应的财务流水（图 2-73）。

图 2-73

（3）成品入库

检验完成的每一卷成品都将生成一张标签,成为该卷成品唯一的身份标识。在成品入库的环节中,只需通过手持终端(PDA)扫码,分配仓位或托盘码,即可完成成品的入库。这种实物操作保证了物与信息的一致性,且快速便捷。电脑端的操作需要从已打卷的成品序列中选择入库的产品,再手动分配仓位或托盘码。电脑端操作只作为无法现场扫码等特殊场景时的补充操作方式（图 2-74）。

图 2-74

（4）成品出库

成品出库同样采用任务化的方式，由需求方提出出库请求，仓库管理员在收到出库通知单后，通过手持终端（PDA），采用扫描单卷标签、托盘码、仓位码等任意方式，逐一或批量完成成品的出库。在这一过程中，成品的出库目标可能是发至后整理厂做进一步加工，也可能发货至客户完成订单的交易，因此在建立出库通知单的时候即会对这两个方向作出区分。在这两个流程中，后续环节也会触发相应的品控跟单或财务收款。

成品送加工流程，如图 2-75 所示。

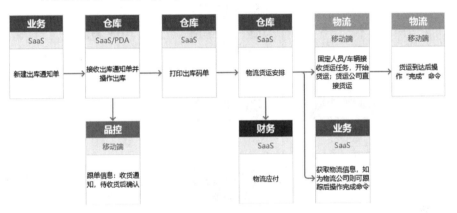

图 2-75

成品直发客户流程，如图 2-76 所示。

图 2-76

（5）送货管理

送货管理模块在数据流动和环节关联方面相对独立，系仓储物流在实操中的工具性模块。在前文的出入库环节中，坯布从供应商处送出一般由供应商承担外，坯布出库运送至染厂、染厂成品送回、仓库成品出库送出等，均需要仓储物流管理部门来统筹安排货运（图2-77）。

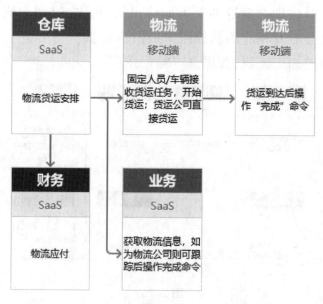

图 2-77

送货管理将企业外部的物流供应商也纳入了系统的管理体系，通过送货单的建立，将送货任务推送至指定的承运人，并通过其在送货完成后的系统反馈，第一时间获取货品送达的信息。

第七节　品控部的流程体系

一、品控的执行流程

坯布检验、半成品的中检和成品的成检,检验标准依据《检验标准》执行。销售合同另有约定按约定条款执行,成品检验按理单员提供销售合同中品质要求信息、品质确认样、订单生产流程卡作检验依据,同时保持与理单员、业务员对品控进行良好沟通,检验员、包装员由成品检验主管根据生产任务进行安排。凭生产流程卡从待检仓库领取待检产品,领取物料时,应对订单号、数量、颜色、缸号与生产流程卡、领料单上信息进行核对,如发现实物同送货码单不符(数量、颜色、缸号)应立即通知仓管员、生管部重新验收(图 2-78)。

输入	权责	品控对象	作业要点	输出	配合部门
生产订单号 客户订单	白坯采购部	1.用于白坯生产的原材料 2.用于成品加工的白坯布	核对外观组织,织造工艺,规格,纱支成分,品控标准,等级。	外购申请单,调坯申请单	白坯采购部,原材料仓库,白坯仓库
送货单检验报告	原材料仓库,白坯仓库		规定地点放置,做待检标识。	退货单或送检单	白坯采购部
不合格品控制程序	品控部		依据原材料检验标准,白坯检验标准,样品,客户要求,订单资料	1.来料检验报告 2.来样检验报告	原材料仓库,白坯仓库
QC标签	原材料仓库,白坯仓库		核对物料,清点数量办理入库手续,建立数量,合格标识。	输入ERP系统,财务入账	品控部

图 2-78

成品检验主管在接受工作任务时，应与理单员、业务员进行内控要素沟通，充分地了解客户对订单产品品质，以及数量、生产交期等需求，确认品质样的要点作为指导生产内控重点。在执行每一个订单检验过程中，确保产品在不同检验员，不同检验时间，前后不同批次染色、后整理的产品，包括颜色、亮度、品质手感、整理风格品控的一致性，保持在允许误差范围内。成品检验主管负有检验监管的主要责任。

（1）面料外观检验要素：泼水、门幅、经纬密度、纬斜、对比确认样的手感、亮度、颜色、边中差、头尾、匹差、花形、组织风格、前后不同批次一致性校对，物性测试等内控。

（2）品号、订单号、缸号、款号、颜色号、计量单位（米、码）、疵点标示字母、匹条样、缸样记录准确。

（3）检测车速按照品种的不同控制在 10 ～ 25m/min 左右，卷装布面张力适当，边中均匀、不起皱、卷装要求整齐。

（4）每缸布检验完毕时，要留批条进行对比颜色、边中差、头尾、匹差、手感与风格。发现达不到客户要求的及时与品控部、生产部联系解决。每缸布检验完成后，认真核对码单、唛头书写是否规范、订单号、米数、缸号、支数是否准确、包装是否符合要求。

（5）在检验过程中发现布面外观组织或加工品质要求异常，属染厂或后整理原因造成的、可以回修的异常品，与生产部联系后发回加工厂进行复修处理，同时要求理单员跟踪复修进度与结果。如无法进行复修处理由品控部协调相关责任人进行解决。

（6）产品检验时，检验员必须完全了解产品品质要求标准、严禁乱评错检，对无法判断或不清楚品质标准的产品，检验员必须如实向主管汇报，由主管讲解指导，清晰掌握要点后再验货。

二、产品包装规范管理

（1）一般情况按照成品标签要求进行中性包装。客户有特殊要求的使用客户提供的标签或按客户要求制作标签。

（2）纸管质量要求干爽、圆整、挺直、螺旋斜形接缝吻合处每层不同位,硬度要求为单根纸管耐重压 15kg 径向变形不得超过 2mm,也可以使用可重复的塑料胶管,包装根据工序的不同采用不同的包装用管,外包装采用真空膜薄包装或者手工套袋包装。

（3）包装封条要绕在距布边 10cm 的位置、标签要统一贴在同一边、普能成检采用中号纸管、特殊整理的(如油压、亮 PU、珠光和超细高密易起皱产品)一律使用大号纸管。

（4）检验责任章印盖在布头端正面右边 10cm 处。

三、染色加工流程品控

（1）染厂跟单严格执行作业流程颜色样→颜色确认→跟样→跟样确认→做货,跟单填写表格《染厂头缸确认表》反馈布原长、实际长度、坯布克重、幅宽、布面情况及染厂测试结果(汗碱、干/湿磨、皂洗、撕裂、防水等)(图 2-79)。

染厂头缸品质检验确认表

订单号　　　　染厂　　　　填写日期：　　　品名　　　填写日期：　年　月　日　　填写日期：　年　月　日　　填写日期：　年　月　日

坯布原长度(M)	实际长度(M)	坯布幅宽(G/M2)	坯布幅宽(CM)	布面情况	缸号	跟单必填									质检必填					检测必填								
						颜色	缩率	染费	超成本	干/湿磨	皂洗	汗渍	撕裂	防水	幅宽(CM)	克重(G/M2)	边中差/缸差	纬斜/头尾差	长度(M)/判定等级	干/湿磨	干/湿磨	皂洗	汗渍	PH	防水	缩水率	撕裂	防钻绒

图 2-79

（2）染色加工注意事项（图 2-80）

输入	权责	品控对象	作业要点	输出	配合部门
生产订单客户订单	生产部		1.按照生产计划领用白坯用料 2.核对领用品名，数量并确认产品批号，规格，风格等	生产制造通知单，领料单	白坯仓库
质量标准客户要求研发要求	委外染厂		按照要求进行复色打样，染色前坯布抽检，试染小样打样色卡	打样色卡	染色生产部
质量标准客户要求研发要求	染色生产部	1.染色用于销售的产品 2.染色后用于后整理的半成品	按小试配比进行头缸作业，检验头缸产品是否符合客户要求，品质要素，边中差，头尾色差，匹差，阴阳面色差，缸差，经纬向，幅宽，色牢度，缩水率，手感，克重，气味，防水等物性检测确认后，方可量产（特别是新产品生产）	头缸检验记录，检测记录	委外染厂，染色生产部
生产控制计划或不合格品控制程序	委外染厂		按照质量要求进行生产，生产员自检布面数量，坯布质量，防水，门幅，克重，手感，风格	生产日报表自检记录	委外染厂，染色生产部
质量标准客户要求研发要求	染色生产部		按委外染色生产加工规程，质量要求进行	中检报告	委外染厂，染色生产部，品控部
产品质量质量标准	品控部/研发部		按成品检验标准进行染色布检验，如新开发产品需研发部确认。	检验报告	委外染厂，业务，理单
检验报告	成品仓库，半成品仓库		1.产品按规格，批号分类，清点数量 2.分类入库（用于销售的入成品库，用于后整理加工的入半成品仓库） 3.标识清晰	ERP入库做账	品控部及相关部门

图 2-80

（3）颜色样 / 烧杯样操作规范

打烧杯样与跟色，内控管理重点：客户（原色样、材料）颜色，对色光源、牢度、环保要求、打样份数、打样坯布及色样大小、打样坯布规格、完成时间等。分清打样坯布正反面，原样布种是否与打样坯布一致，打样坯布是否符合客户的要求，是否存在跳灯的问题，并考虑打样与大货生产相结合采用的生产工艺，提高打色准确性，色差要求 4.5 级，特殊情况 4 级以上，烧杯样打好以后，要先进行颜色把关，对色光不能达到 4.5 级以上的要求重打。

（4）跟单员操作规范

①跟单员仔细阅读生产通知单上的生产要求信息，并根据生产部经理指出的该单产品生产工艺重点管控环节、预防、分析注意事项进行订单生产跟踪操作。

②跟单员根据生产通知单上的信息，内控管理要素：颜色原样、手感样、客人确认样、原品质样、坯布情况、交期、评估加工中存在的风险等，来协调染厂工艺与计划进度。

③对调入染厂的坯布进行抽检，主要是坯布外观质量、原料、规格、克重、门幅等是否是生产通知单上的要求。对布面有轻微霉斑或锈斑等可以处理性的疵病提前与染厂沟通，通过前处理进行解决。

④核对放头缸样的坯布是否与打烧杯样的坯布同一批号，如果不是，跟单员要取布进行复色打样，确保颜色与工艺一致。

⑤头缸样的生产计划排好后，跟单员要进行全程跟踪，第一时间到对色室看样确认，并且重点放在头缸定型阶段，跟单员必须在定型机后面查看染色后布面质量、坯布质量、防水、门幅、克重、手感、风格是否达到客户的要求，发现质量异常要分清问题及时进行处理。

⑥头缸放好后，要关注染色工厂头缸生产工艺的记录，为大货生产打下夯实基础。

⑦大货生产严格按照头缸样的生产工艺操作，仔细核对坯布的批次，对每一缸按流程进行布面检验和理化检测。

四、后整加工厂过程品控

（1）后整跟单严格执行作业流程品质样→打样确认→做货，跟单填写《后整品质确认表》核对品质样、匹差、缸差、颜色、手感；反馈克重、门幅、纬斜、纬弧、防绒、复合黏合程度、水压/透气透湿等（图2-81）。

（2）后整理加工注意事项（图2-82）

（3）后整加工操作规范

①后整理跟单员接到生产部安排的委外加工工作任务后，及时联系后整理加工厂商进行生产计划安排，并根据后整理生产流程卡的要求，及委外加工出库单上的信息核对来坯订单号、品名、颜色、数量等是否一致，加工要求是否明确描述，是否提供品质样，发现问题及时与生产部经理或理单员业务员联系并暂停生产，确认无误后方可生产。

②明确产品的正反面、颜色色光、对色光源、色牢度、色差控制、边中差、头尾色差、匹差、阴阳面色差、缸差、经纬密、幅宽、缩水率、手感、克重等要求。

③有物性测试指标要求的订单,后整理跟单员在大货刚生产时必须与加工厂落实。

④各项指标要求并做好物性检测,是否达到检测指标要求,并做好检测记录,必要时有加工厂提供的检测报告。

后整品质确认表					
订单号_____ 品名_____		加工厂名称_____	跟单员_____		填写日期_____
对色光源:□ D65 □ TL84 □ 965 □UV □其他			生产标准: □ 国标 □ 欧标 □ 美标 □日标 □其他		
品质样		颜色:	颜色:		颜色:
		缸号:	缸号:		缸号:
		色样/确认意见	色样/确认意见		色样/确认意见
		下单缩率____ 实际缩率____	下单缩率____ 实际缩率____		下单缩率____ 实际缩率____
		预计投坯____ 实际投坯____	预计投坯____ 实际投坯____		预计投坯____ 实际投坯____
		出库数____	出库数____		出库数____
		加工厂检验损耗数____	加工厂检验损耗数____		加工厂检验损耗数____
序	订单要求	审核内容	审核结果		
1		品质样核对	____□合格	____□合格	____□合格
2		批差和缸差审核	____□合格	____□合格	____□合格
3		颜色审核	____□合格	____□合格	____□合格
4		手感审核	____□合格	____□合格	____□合格
5		克重审核	____□合格	____□合格	____□合格
6		门幅测量	____□合格	____□合格	____□合格
7		维弧	____□合格	____□合格	____□合格
8		纬斜	____□合格	____□合格	____□合格
9		密度测量	____□合格	____□合格	____□合格
10		PH值数值	____□合格	____□合格	____□合格
11		防水级数	____□合格	____□合格	____□合格
12		缩水率数值	____□合格	____□合格	____□合格
13		防绒根数	____□合格	____□合格	____□合格
14		复合黏合牢度	____□合格	____□合格	____□合格
15		甲醛含量	____□合格	____□合格	____□合格
16		水压/透气透湿	____□合格	____□合格	____□合格
17			____□合格	____□合格	____□合格
18			____□合格	____□合格	____□合格
全检:□是 抽检(比例)____					
其他布面情况:					
染厂坯布库存					
生产品控审批:			业务审批:		

图 2-81

输入	权责	品控对象	作业要点	输出	配合部门
生产订单 客户订单	生产部		1.按照生产计划领用半成品用料 2.核对半成品品种，品质，数量等	后整理生产流转卡，委外加工出库单	半成品仓库
质量标准 客户要求 研发要求	委外后整理厂		按照要求进行大货试样生产并确认符合要求，方可量产	试样记录表	后整理生产部
质量标准 客户要求 研发要求	后整理生产部	1.加工后用于销售的产品 2.染色后用于后整理的半成品	质控要素：正反面，颜色色光，对色光源，色牢度，色差控制，边中差，头尾色差，匹差，阴阳面色差，缸差，经纬密，幅宽，缩水率，手感，克重，气味手感，克重，纬斜控制，印花套版，胶水牢度，透气，水压，泼水度等要求	试样检验记录，检测记录	委外后整理厂，后整理生产部
生产控制计划或不合格品控制程序	委外后整理厂		按照质量要求进行生产，生产员自检后整理内控管理要素	生产日报表品质确认表记录	委外后整理厂，后整理生产部
质量标准客户要求研发要求	后整理生产部		按委外后整理生产加工规程，质量要求进行	测试报告品检报告	后整理生产部，品控部
产品质量和质量标准	后整理生产部/研发部		按成品检验标准进行成品布检验，如新开发产品需研发部确认	检验报告	品控部，业务，理单
检验报告	品控部		1.产品按规格，批号分类，清点数量 2.按订单排序入成品库 3.标识清晰	ERP入库，做账	品控部及相关部门

图 2-82

五、品控体系管理的智能化

公司的整个生产活动以业务为驱动，业务部门将在各个环节对下一步的工作做出指挥和调度，包括但不限于：工作内容的确定、执行过程的要求、系统的品质参数的判定等。系统将根据业务下达的指令，在保留优先灵活度的前提下，遵照规范化的工作流程，对各部门、各环节的行为流进行分配和调度。

当一个业务达成，签订合同开始正式生产，系统将进入"订单"生产的环节，此环节将是企业生产活动的主线，除特殊情况外，整个过程将严格遵循产品生产的规范，通过系统规范工作人员的行为，从而保证产品的生产质量。

以业务的视角，自身的行为流程如图 2-83 所示。

在生产过程中，业务始终处于主动的位置，获取由各部门实时提供信息及统计结果后做出决策。在品控过程中，系统将强制工作人员按照步骤完成包括指令单接收、品质样接收、坯布到货、点色、开卡、配桶、颜色样确认、头缸检测报告、船样确认等必经动作,以此规范工人的生产行为,保证产品质量,并通过理单工作台完成进度的监管。

　　订单生产结束的同时,在每个环节都能实时导出相应的检验表格和检测表格,当所有指标都达到国标的出货要求的时候出货合格证就自然产生,在每一卷布的布头上贴上二维码标签,做到扫码获取产品生产过程的追溯,把所有执行标准和品控标准固化下来就可以建立起公司的品控体系。

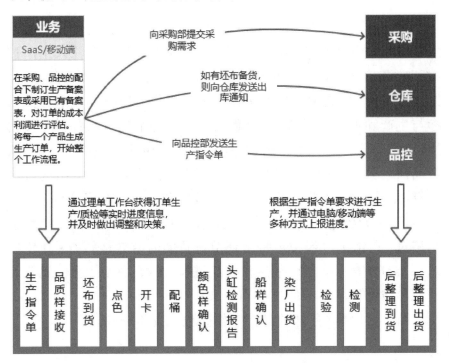

图 2-83

第八节　财务部的流程体系

一、财务部的岗位职责与分工

传统的财务主要工作是指定公司的资金计划、统计各种生产成本费用和制作相应的财务报表,如果财务人员没有深入生产过程和业务流程,那就没办法有效地降低运营成本,也没有办法控制生产风险,只能做简单的统计和分析工作。所以要让财务深入参与生产和加工的过程,从过程当中审核各个环节的各种相关费用,成熟的公司财务是个运营中心,审核公司的各种执行标准,从产品研发开始,对研发产品的订单转化率,研发投入费用进行统一有效的管理;接单环节着重进行审单和客户资金安全的审核;在生产环节依据公司的生产指标要求对生产环节的各个指标进行核对;在销售过程中对每个环节进行实时有效地核查;在售后对每个订单的利润率、库存和损耗进行实时的统计,这样就能有效地参与到订单生产的过程当中来。

图 2-84 是财务部的日常工作岗位职责与分工。

财务部岗位职责与分工

类别	项目	财务主管 钱**	会计 计**	出纳 沈**	统计 吴**
成本核算	资产负债表利润表	▲	△		
	订单成本核算	▲	△		
	库存价值汇总表	▲	△		
	应收账款及账期汇总	▲	△		
	应付账款及账期汇总	▲	△		
	公司成本管控监督	▲	△		
	染厂异常处理情况汇总	▲	△		
日常管理	日常销售码单审核入账		▲		△
	应收账款和业务和客户整理		▲		△
	应付白坯对账		▲		△
	应付染厂对账		▲		△
	应付后整对账		▲		△
	日常银行日记账登记入账并分类		▲		△
	销售发票填开并登记入账		▲		△
	开票后抵扣核算准备抵扣明细		▲		△
	个人所得税及工资表		▲		△
	超成本登记染费异常登记汇报		▲		△
	应付账款的排款计划		▲		△
	订单备案表审核记录		▲		△
	订单总数量统计及完成数量汇总		▲		△
	凭证装订归档		▲		△
日常收支	支付各类报销			▲	
	支付各应付款			▲	
	报销单据整理分类登记入账			▲	
	各个账号进账整理收款认领			▲	
	各类费用分业务对账整理汇总			▲	
审核统计	收货发货库存流水登记			△	▲
	采购部码单入系统			△	▲
	加工发货码单审核入账			△	▲
	物流快递费用统计			△	▲
	销售退货统计			△	▲
	其它相关费用的统计			△	▲
	染厂及后整收货码单审核入账			△	▲
	库存的盘点及管理			△	▲

注：　"▲"符号为主要负责工作　　"△"符号为协助负责工作

图 2-84

二、财务部的智能化管理

　　财务的智能化管理相对比较简单,因为财务只涉及的是数据信息的流通和分析统计,所以在设计 ERP 管理软件的时候,把各个环节产生的费用通过各种终端直接采集到系统当中来,财务的统计分析工作就相对简单得多,所以在智能系统的设计中,财务模块并非专业意义上的财务系统,而是专注于统计的信息工具。财务模块关注的是各个触发收付款的行为环节,通过一个具体的对象单位为视角,关注有关这一对象所有会产生财务流动的节点,从而完成自动化的统计工作(图 2-85)。

订单生产相关费用简要流程图

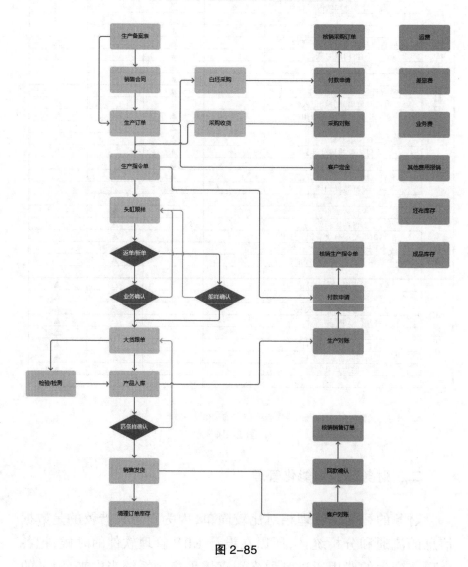

图 2-85

（1）应收账款

应收账款为每一个客户建立专门统计页面，统计针对该客户的所有账务流动做逐一的统计。在系统流动的过程中，成品发货至客户的环节将自动触发应收，系统会自动记录应收发生的事件和关联的事件。如有收款和开票，同样以时间轴罗列，自动计算和统计应收、未收款额的数量及开票信息。

图 2-86 演示了某客户的应收、收款和开票历史在系统中的显示方式，以客户为单位，直观地罗列其款项流动历史。

类型	日期	应收类别	应收款额	收款	未收款	开票数	未开票数	状态
应收	2020-02-02	成品应收	10000		10000			已核销
收款	2020-02-05			8000	2000		8000	
开票	2020-02-10					8000		
应收	2020-02-15	成品应收	5000		7000			已核销
收款	2020-02-20			8000	-1000		8000	
应收	2020-02-28	成品应收	5000		4000			部分核销

图 2-86

（2）收款认领

当公司收到一笔到款后，需要将该笔款项记录至相应的客户名下，财务（出纳）可通过系统，向业务部无差别发送本次收款的明细列表，业务部人员收到信息后查看所涉款项是否与自己的业务相关，并做出反馈（图 2-87）。

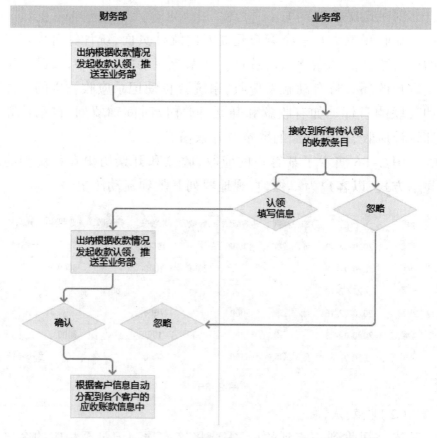

图 2-87

被认领的收款项目将根据客户自动分类到相应的页面中成为"收款"项，并统计客户当前的已付款和未付款及开票情况。

（3）开票

财务在开票页面记录相应的客户信息，系统即自动统计至前文表格中（图 2-88 ）。

（4）应付账款

应付账款的逻辑与应收账款相同，对一个染厂、加工商、物流承运方等做财务流动的逐一统计。在设计智能系统的流程中，坯布 / 成品供应商发货后，将在入库的流程中触发"应付账款"；染厂 / 后整理厂的流程将在染厂发货 / 后整理发货的流程中触发，以上内容将自动记录至相应的应付账款明细页面。

图 2-89 是 × × 供应商 / 加工厂的应付账款明细示例。

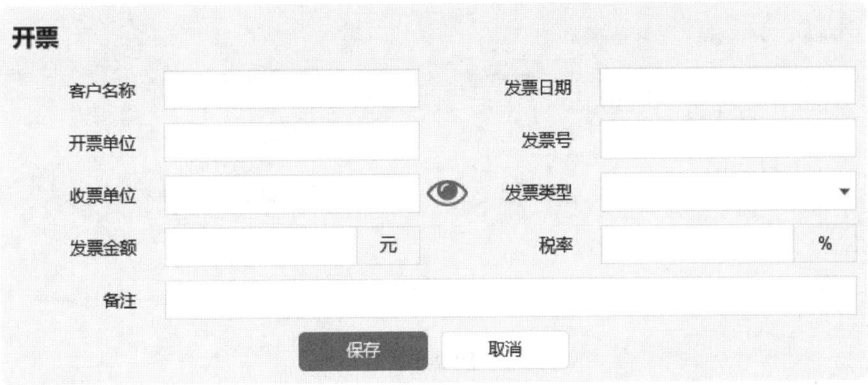

开票

客户名称		发票日期	
开票单位		发票号	
收票单位	👁	发票类型	▼
发票金额	元	税率	%
备注			

保存　　取消

图 2-88

类型	日期	付款类别	应付款额	付款	未付款	收票数	未收票数	状态
应付	2020-02-02	染费应付	10000		10000			已核销
付款	2020-02-05			10000			10000	
收票	2020-02-10					10000		
应付	2020-02-15	染费应付	5000		5000			已核销
付款	2020-02-20			3000	2000		3000	
付款	2020-02-28			2000			5000	

图 2-89

（5）付款确认

付款确认系实操付款前的审批流程,由出纳发起付款确认后,自动生成或手动填写付款金额及条目,分发至相应的业务员进行审批确认,无误后方可进行付款操作。本模块同样通过电脑端、移动端等进行交互反馈,完成审批流程。

确认后的已付款项将根据供应商 / 加工厂自动统计至对应的页面,如图 2-90 所示。

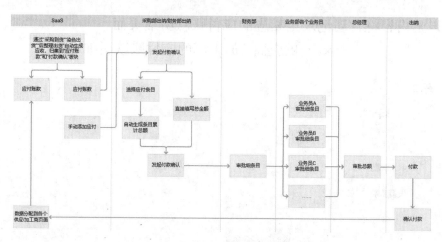

图 2-90

（6）收票

收票逻辑与彩票逻辑相同,财务开具发票后做相应的记录,系统即自动统计至前文表格中,如图 2-91 所示。

收票

供应加工商名称	发票日期
开票单位	发票号
收票单位	发票类型 ▾
发票金额 元	税率 %
备注	

保存   取消

图 2-91

（7）日常办公报销

日常办公费用比如出差报销、耗材报销和其他相关费用报销都可以在系统里面发起电子申请和审批,通过核对审批自动归类到相关订单或者相关业务员的名下,少使用纸质单据就能减少单据的录入环节,也减少相关办公 OA 软件的使用,尽量把 OA 的功能都集成到智能系统中,提高工作效率。

后　语

没有倒闭的行业,只有倒闭的企业,只有不断地转换思维方式去适应市场的变化和发展,充分保持积极学习和变革的心态,利用新科技改变传统生产型企业的生产方式和工作方式,物联网信息技术会让供应链管理突破区域限制,形成全球一体化的集优型生产模式,以下是笔者对纺织生产贸易行业的几点期许。

一、虚拟云操作系统

无盘工作站形式,公司给每个人在互联网云端各一个账号,登录后可以访问到公司的云服务器,根据个人使用习惯可以订制个人的工作页面和工作软件,摆脱个人电脑、操作系统和应用软件方面的限制,任何一台电脑都可以无差别地使用,数据都存储在服务器上,解决以下几个问题:

A:数据安全:无需备份,自动存储在云服务器上,定期由管理员备份即可。

B:硬件安全:无硬盘,无法私自拷贝和盗取数据。

C:系统安全:无系统限制,只要网络畅通,即可无差别使用电脑。

D:移动办公:未来 5G 时代,各种网络终端都可以共享办公系统。

E:集成软件:无需再个人安装任何应用软件。

二、OA+ERP 结合

以智能 OA 为基础,通过自动化办公产生一些数据流和行为流,对各种生产设备的智能化升级,让织布机联网、验布机联网、检测设备联网等。

A：实时采集数据,让订单操作者在操作的同时,通过手机端和各种智能直接输入和获取各种生产信息,每个部门实时互动交流和沟通。

B：订单管控,对业务理单、染厂跟单、后整理厂跟单、检验人员、检测人员和围绕订单生产的相关人员,都推行任务责任制,以订单号和任务号为索引,每个订单细化成一个个量化的任务指标,这样就无需管理规章制度,无需岗位职责,也无需流程培训,只要有一定的专业技能,即可规范地操作订单。

C：行为管控功能,每个岗位每天都会收到手机端推送的任务指标,任务指标可以是计划内也可以是计划外的,任务指标强制提醒功能,没完成没提交就会收到主管部门的监督,未能完成的任务也会推送给其他相关部门人员,让相关的人员都能知晓进度和质量情况;每个任务指标都设有完成时间限制,必须在规定时间内完成进度跟踪填写,也必须完成质量跟踪填写。

三、智能仓储物流

全部货物扫码进仓和出仓,做到每个加工环节都能网络查询,进度查询,检验包装、货物存储和装卸也进一步机械化、自动化。

四、财务运营中心

以财务部为公司的运营核心,接单后解读合同、分解合同、量化指标、分段推送任务到岗位和终端反馈。

A：解读合同：接到业务订单合同，审批通过后，对合同的风险和客户风险进行财务审核。

B：分解合同：把合同分解成原料采购合同、染色加工合同和后整加工合同，合同形式可以是内部合同。

C：量化指标：指令业务接单人员对合同订单品质的要求进行具体的数据量化，得到详细的指标后再匹配公司的内部品控标准。

D：分段推送：把订单根据时间交期，分解订单任务，分段推送给业务人员、理单人员、染色跟单、后整跟单、品控人员、检测人员、检验人员、仓储人员的手机终端，并对每个环节进行考核和监督。

E：终端反馈：每个接收到任务的在岗人员，只需按照所推送的任务及时填入相应的信息即可完成 ERP 数据的实时采集，这样就可以省掉数据输入人员，改变 ERP 数据滞后性的问题。

利用先进的管理工具优化工作流程，明确指标任务，减少对个人能力的依赖，减少管理投入、培训成本和时间成本，提升工作效率，做到任务点对点，才能适应时代的变化和发展。